俺の弁当。

柴雄二
yuji

大和書房

むすこ
むすめ

俺
妻

はじめに

生きるって大変。でも、楽しい！

わたしは現在38歳、工務店に勤務し、妻、長女（5歳）、長男（4歳）の4人暮らし。

毎朝午前5時半に起き、眠い目をこすって、家族のお弁当を作る生活を送っています。

２０１６年4月、妻の育児休暇が明け、職場本格復帰で夜勤も復活したことにより、我が家の生活も一変しました。

日中は仕事、帰宅すれば家事と、疲れ果てている妻の姿を見て、このままでは家族が壊れると危機感を感じ、一念発起、自分の「家事率51％」と目標設定をしました。

ではどの家事を担《にな》おうか？

まずは生活の基本である「食」を少しずつ丁寧にしていきたい、そう考えたわたしは、自分が早起きし、家族のお弁当作りをはじめることにしたのです。

本書はこのお弁当作りを中心とした我が家の暮らしを綴った、家族日記のような本です。


そして、２０１７年8月にもうひとつの転機が訪れます。

インスタグラムにお弁当の投稿を始めることになったのです。

最初は笑ってしまうような盛り付けのお弁当を作っていましたが、地道に続けることでたくさんの気づきがあ

弁当を作り始めた頃の投稿。玉こんにゃくゴロゴロ弁当、うわー、恥ずかしい！ でも過去の投稿を削除しないのは、当時も弁当作りを楽しんでいたから。
(2017年9月29日投稿)

り、すこしずつ修正を重ねて、今ではたくさんの「いいね」をいただけるようになりました。

みなさんの「いいね」がなかったら、飽きやすいわたしはきっと途中でお弁当作りを挫折していたと思います。

家族もお弁当を楽しみにしてくれているので、その期待に応《こた》えるために必死の毎日です。

本書にはインスタグラムで問い合わせの多いおかずのレシピも載せました。

普段は目分量で作っているので、初めてのレシピ作りでは大変苦労しました。

また、これまでお見せしてこなかった盛り付けの方法と、こだわりのポイントも記載しましたので、ぜひ毎日のお弁当作りの参考にしていただければ幸いです。

仕事に子育てに家事。共働きで毎日バタバタとあわただしくても、

夢中になれる時間があると、生活に張りも出てきます。

人生の本当の豊かさとは何かと考えながら、日々挑戦は続きます。

２０１９年　春

柴　雄二（ｙｕｊｉ）

俺の弁当。

もくじ

ESSAY

おわりに

COLUMN

俺のキッチン

●この本でご紹介しているレシピの計量単位は、大さじ1＝15㎖、小さじ1＝5㎖、1カップ＝200㎖です（いずれもすりきり量）。
●材料はちょっと多めの2人分を基本としていますが、料理によっては作りやすい分量で表示している場合もあります。
●我が家はＩＨコンロを使用しています。火加減表記はＩＨコンロの表示ですのであくまで目安として、ガスコンロの場合は適宜調節してください。
●電子レンジの加熱時間は出力600Ｗのものを基準にしています。ただしメーカー・機種によって違いがありますので、加熱時間は様子を見ながら調節してください。
●油は特に表記がない場合、普段からご家庭でご使用のものをお使いください。

CHAPTER 1

俺の基本の弁当

まずはこれ！

俺の弁当の基本 4カ条

1 まず、おなかいっぱいになること

わたしも妻も、仕事柄遅くまで勤務することが多く、夕飯が遅くなりがち。お昼にしっかり食べていると、夕方までおなかは空きません〜。

2 ふたを開けたとき「わ〜っ!」と言わせたい

目でも楽しめるようなきれいなレイアウトを心がけています。自分だけだったら彩りはあまり気にしなかったと思いますが、妻は女性が多い職場に勤務しているので、周囲の目も意識して彩り重視(笑)。

3 メインのおかずは2品

たったひとつのメインを食べきると寂しくなりますが、もう1品あると得した気分になりませんか?(笑)。メインの2品はできるだけおいしい状態で食べてもらいたいので、ほとんど朝に手作りしています。

4 副菜は多品目を少しずつ

おかずの種類はできるだけ多めに少しずつ、栄養バランス良く。10品目はとれるように構成し、副菜は3〜4品程度入れることを基本に。毎朝作るのは大変なので副菜はなるべく作り置きします。

メイン❶
焼き鮭
メイン❷
鶏唐揚げ
副菜❶
あおさ入りだし巻き卵
副菜❷
紫キャベツナムル
副菜❸
カボサラ
副菜❹
スパゲティジェノベーゼ

メイン2トップ

俺の 焼き鮭

できるだけ厚みのある鮭を選ぶ

オイル用の霧吹きに酒を入れて、焼く前にシュッとひと吹き。生臭さがとれる。

\ 焼けた!! /

お弁当の焼き鮭、おいしいよね～。登場頻度は最多かも。厚めのおいしそうな鮭があるとまとめ買いし、冷凍庫に常備しています。言わば〝安定のおいしさ〟です。

メイン2トップ

俺の鶏の唐揚げ

揚げ物最高！

Q. 朝から揚げ物、面倒じゃないですか？

A. いえいえ、揚げ物こそ、一気に手早くおかずが作れる時短料理なのです。下味をつけ、油の中に入れたらできるので、楽ちん。ボリュームもあって確実においしい。みんなもっとやってみて！

Q. でも、油の処理がおっくうです…。

A. うちではほぼ毎日何かしら揚げるので、揚げ物専用鍋を作って油はいれっぱなし。使用後は揚げカスを丁寧に取り除きます。汚れてきたり、油が少なくなったら、空《から》の牛乳パックにつめた新聞紙に油を吸わせて処分。これなら簡単でしょ？

Q. パリッカリッサクッと上手に揚げるコツはありますか？

A. 一度にたくさん入れすぎないことかな。食材が泳げるスペースを確保。油の温度が下がるとべちゃっとします。面倒でも2〜3回に分けて揚げるとgood！ さらに二度揚げでサックサク！

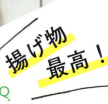

俺の鶏唐の作り方

材料（多めの2人分）

鶏もも肉…400g
★ニンニク…チューブ5cm
★生姜…チューブ5cm
★卵…1個
★醤油…大さじ2
★酒…大さじ2

鶏もも肉は大きめにカットし、味がしみるように包丁の先端で切り込みを入れる。

1と★を混ぜてとにかく揉み込みまくる！肉に吸われて液体がなくなったらOK。

揚げたらアルミホイルをかぶせておく。

うまうまポイント　保温して中まで火を通す。

190℃に温度を上げて、30秒～1分ほど二度揚げして完成。この時油がはねやすいので適宜ふたをしよう。

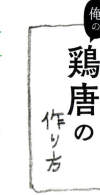

あっ!油が足りない!

そんな時にオススメ

鶏の揚げ焼き

1〜3までは一緒。

4 フライパンに油大さじ4を入れて、中火に熱し、鶏を入れる。衣が崩壊するから入れてすぐはさわらないこと!

5 4分したらひっくりかえし、中火の弱火にして4分程焼いたら完成!

＼まるめたまま〜／

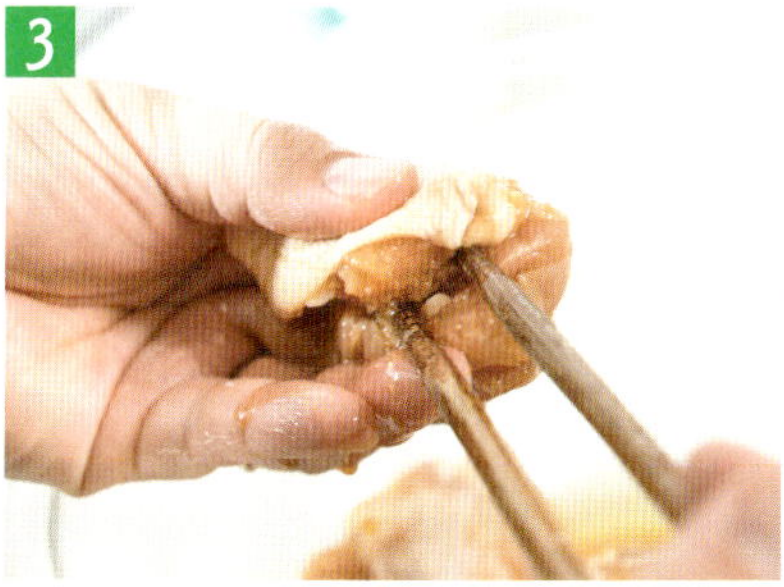

3

菜箸でくるっとまるめるようにして片栗粉をつける。

4

170℃の油で3個ずつ約4分揚げる。

うまうまポイント たくさん入れすぎると油の温度が下がり、カラッと揚がらないので、面倒でも分けたほうが結局は早くおいしく揚がります。

完成!

俺の お弁当といえば〜 卵焼き

これがないと、
お弁当がなんだかピシッとしまらない
重要キャスト、それが卵焼き。
ふんわりしっとり冷めてもおいしい
最強の副菜です。

基本の だし巻き卵の 作り方

\ さあ、はじまるよ～ /

1

卵3個に白だし、砂糖各小さじ1、水大さじ1を加えて混ぜる。

2

卵液を約4分の1ほど流し入れ、表面がふつふつしてきたら手前に巻いていく。

3

手前に巻いた卵焼きを奥に移動し、また卵液4分の1を加える。

4

巻いた卵の下にもしっかり流しいれ、また手前に巻いていく。

5

油が足りなくなったら、キッチンペーパーに浸して追加。

6

②～④を繰り返し、最後は大きく重いので、菜箸でなくフライ返しで返すとうまくいく。

俺の 卵焼き、選手権〜！

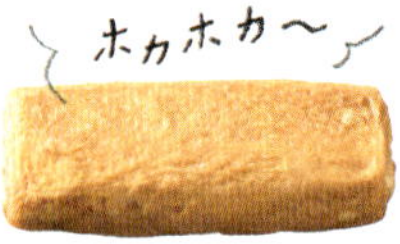

枝豆

黄色と緑、彩りがきれい〜断面もきれい〜。夏は家の庭で採れる枝豆で、その他の季節は冷凍でもよく作ります。

コーン

家族の人気Ｎｏ.１はコレ！ 卵３個にコーン缶小半分を使います。たくさん入れすぎるとうまく巻けないので注意！

インゲンとシラス

インゲン２本をサッとゆで、細かく切ったものとシラスを入れて巻きます。シラス単独でもＯＫ！

あおさ

春になるとよく作るあおさ入り卵焼き。彩りが若緑できれいなので、春を感じます〜。あおさはさっと水で戻して。

この卵焼き器に出会ってから、卵焼き人生が変わった！ しっかり重い鉄製の卵焼き器。頼もしい相棒です。

ブロッコリーの茎

最近はまっているのが、ブロッコリーの茎を細く刻んで入れた卵焼き。一見何が入っているかわからないでしょ？

俺の弁当の基本形

副菜の標準化

赤、緑、黄色、紫……
できるだけ彩りよく、できるだけ多品目、
これが〝俺の弁当〟の副菜の基本形です。
ただ、毎朝作るのは大変すぎる〜、
ということで、
2〜3日分まとめて作り置きし、
朝考えずにすむように
副菜を「標準化」しています。

俺の カボサラ

人気No.1

インスタでレシピ問い合わせNo1! のカボサラ。
甘みが強いので、おかずというより
デザートに近い感覚で入れています。
地元茨城産のかぼちゃはホクホクでおいしい〜。

1 かぼちゃ4分の1はピーラーで粗く皮をむく。皮に栄養素があるみたい!

2 熱が均一に入るように3cmくらいにカットし、耐熱ボウルに入れてやわらかくなるまでレンジでチン! 熱いうちにスプーンでつぶす。

3 メイプルシロップ大さじ1を回し入れ、少量の塩コショウをふりかけて完成(水分が少なくまとまりにくい時には適宜牛乳を)。

4 サランラップで茶巾にしぼって入れると可愛らしい!

俺の 紫キャベツナムル

あじさいみたいできれいな

これ、偶然お弁当に入れてみたら、大発見！まるであじさいの花が咲いたみたいでとても華やかに。以降定番になりました。

1

紫キャベツ¼個は細く千切りにし、塩小さじ½をもみこんでおく。

2

ボウルにナムル材料（ゴマ油小さじ１、酢小さじ½、中華調味料「ウェイパー」小さじ½）を入れ、あえる。最後に白ゴマを散らす。

ココ

俺の スパゲティサラダ

最近、フォークでくるくる巻いたスパゲティをほぼ必ず入れることにしています。パスタ用のドレッシングをガーッと混ぜると、ゆで汁とドレッシングの油が乳化して一つのソースに。巻いてあるので、一口で食べられて便利。

スパゲティをゆで、市販のジェノベーゼドレッシングであえる。小皿を使ってフォークでくるくる巻き、そのままお弁当に詰める。

お弁当の中に入れてからも、
くるくる巻きながら
おさまりがいいところでSTOP!
そ〜っとフォークを
引き抜きます。

ココ

ごはんを**斜めに盛り付ける。**

仕切りは食べられるもので。フリルレタスや大葉など。

メイン①（今日は焼き鮭）から盛り付け。ごはんにもたれかかるように**斜めに盛り付ける。**

鮭は切り身全部入れます。ごはんにもたせかけてから尾の方をキッチンバサミで切って、下に入れ込んでいます。こんな時にもキッチンバサミが大活躍！

俺の盛り付け 6つのポイント

きれいに見せる

1 ルール 斜めに盛る

ごはんを斜めに盛り、メインのおかずはごはんにもたれかかるように斜めに盛り付け。斜めにすることで立体的にボリュームタップリに見えます。

2 ルール 上に盛る

わっぱ弁当ならでは、ですが、弁当箱の淵よりおかずが上に来るようにしています。高さの低いおかずは沈まないように卵焼きの端を下に入れ込んで高さを出しています。

ココが大切！

3 ルール 線を揃える

おかずの上辺と下辺、左辺と右辺を揃えて整列させるときれいに見えます。また、時には丸系のおかずでまとめてもきれい。

4 ルール おかずカップは使わない

隙間がないようにぎゅっと詰めると、持ち運びしても崩れにくい。おかずカップはスキマができやすくゴミも増えるのでできるだけ使いません。使う時はフチを下に押し込めて。

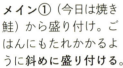

メイン②（今日は鶏唐）を隣に盛り付ける。やはりごはんにもたれかかるように。

副菜を詰める。**隙間ができないように。**

さらに副菜を詰める。**丸の形にする**と詰めやすい。

揃える

完成！

最後にラップをふんわりかけてふたをかぶせます。そのままクロスでそっと包んで。

5《ルール》 カラフルに！

赤、緑、黄、茶、黒など彩り豊かになるように盛り付けています。特に紫色は差し色として映えることを発見！ あじさいの時期には季節感がピッタリ。

6《ルール》 ゴマやパセリでアクセント

仕上げのお化粧に、白ゴマやパセリのみじん切りをふりかけて完成！

おまけ

ふたが閉まるかは後から考える

わっぱ弁当なので、ふたがぴっちりしまらなくてもOK！ ラップを一枚置いてからふんわりふたをしてクロスで包みます。

今日も大忙し！
我が家の朝

5:30 （4つ弁の時は 5：00起き）

起床

う〜ん、朝は眠い。布団から抜け出すまでにいつも時間がかかります。メインのメニューを何にしようか考えながら、冷たい水で顔を洗います。

5:40

お弁当作り、開始〜

まずすることは、肉や卵を冷蔵庫から出して常温に戻すこと。そしてお弁当箱に「パストリーゼ」をシュッとひと吹きして食中毒防止のために除菌します。

暑い季節は、炊きあがったごはんを別な皿に移し、冷ましてから弁当箱に詰めます。

メインは2品、並行しながら作るので大忙し！

6:20

盛り付け開始！

副菜メニューは標準化しているので考える必要なし。どんどん詰めていきます。

6:35

写真撮影

出来上がったお弁当を自然光が入る窓の近くに持って行き、スマホで撮影しインスタグラムに投稿。

忙しいこの時間
妻からの視線が
痛い…(笑)

6:50

朝ごはん作り〜

急いで朝食作り。最近ハマっているのが食パンにハムと卵焼きとチーズを挟んで焼くホットサンド。食べやすく洗い物も少ないので大好評！（さらに千切りキャベツをはさむことも）。

7:00 いただきます〜

子ども達を起こして、朝ごはん。登園準備に出社準備、バタバタと激動の時間。

毎日が
運動会の
ようです…

7:20

行ってきま〜す！

今日も良い一日を。

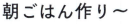

わたしが弁当を作ることになったワケ

午前5時半ごろに起床して、弁当を作る生活をしています。

このきっかけとなったのは、育児休業を終えた妻の仕事復帰でした。妻の仕事はその職種上、労働時間が長く夜勤があったりと内容もハードです。日中は仕事に追われ、家に帰れば育児と家事に奔走する妻の姿を見ていると、このままでは倒れてしまうのではないかと心配になるほどでした。妻もわたしも帰りが20時を過ぎるので、4歳と5歳の育児に追われながら、全体的に家事が回らず暮らしが荒れていくのを感じていました。

当然、わたしは自分にできることを探して担う必要があります。自分の仕事も忙しいけれど、妻だけに無理をさせるわけにはいきません。多少の無理は覚悟のうえで、早起き生活を開始したのでした。

数ある家事の中から、とくに食に関して役割を担おうと思ったのは、それが衣食住の要《かなめ》だから。いくらほかの家事がおろそかになっても、体は資本で栄養摂取は何より大切です。そして1日のうちで1食でも、ごはんを楽しむ時間がなくてはと、少しずつでも「食」から丁寧にしていきたいと考えました。

わたしの作る弁当が、多品目でモリモリに大盛りなことにはそんな理由があるのです。

今では、同じ敷地内に住んでいる両親が子ども達の保育園迎えと夕ごはんを担ってくれています。おかげで子ども達の暮らしにゆとりが出て、わたしたち夫婦にとっても大きな助けに。仕事から帰ってから家で夕飯を食べるのは夫婦ふたりだけとなりました。すると、くたびれているわ、子どものお風呂があるわでふたりの食事はより一層簡単に。恥ずかしながら時には納豆ごはんだけ、カップラーメンだけなんていうこともあります。だからこそ、昼ごはんの弁当は充実させてバランスをとっています。

そしてもうひとつ、職場の相棒である同僚の存在も、弁当作りの大きなきっかけです。彼は、当たり前のように家族の朝食と弁当を作るカッコイイお父さん。彼の家での話を聞いているうちに、父親が家事をするのは当然なんだという価値観が心のなかに育っていきました。「これが自分の中で理想とする家族なんだ」と教えてもらった気がします。

彼は、一緒に弁当写真のインスタグラムを始めた仲間であり、良きライバルでもあります（@kaoru_gumi）。お互いに「彩りきれい。頑張ったじゃ〜ん」「差し色がいいね」などとそれぞれの弁当を評価しあいながら、切磋琢磨してここまで来ました。このインスタが、弁当作りを続けるモチベーションとなり、仕事で出会うお客様とのコミュニケーションツールとしても機能しています。

家族の「食」と、自分の「自信」「仕事」にまでつながっている弁当作り。まだまだ課題はありますが、楽しみながら続けていきたいと思っています。

俺の
頼れる調理道具❶

キッチンバサミ&ピーラー

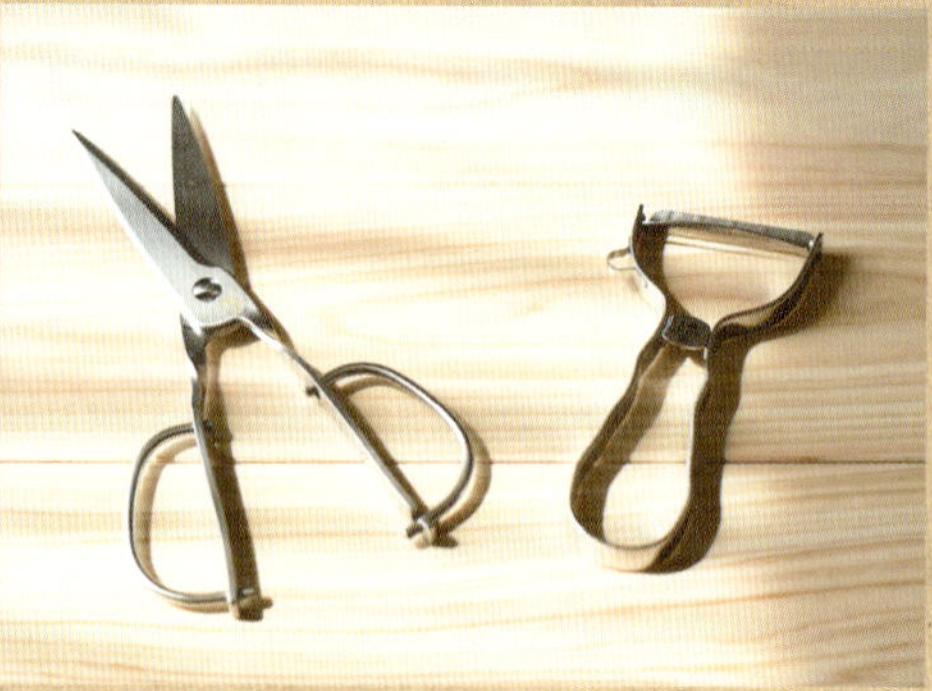

キッチンバサミ：鳥部製作所 キッチンスパッター
ピーラー：貝印 KAI T型ピーラー SELECT100 DH3000

昔のわたしは衝動買いが多く、欲しいと思えばその瞬間に買い物かごに入れていました。けれどよく検討していないがゆえに、結局使わずお金を無駄にしてしまったということが多く反省。今は欲しいと感じても2週間は検討して、冷静な頭で買うことを心がけています。

以前キッチンで使っていたハサミは、持ち手との継ぎ目や刃の噛み合ったところが汚れてもきれいに洗えませんでした。衛生的で切れ味のよいキッチンバサミを手に入れようと、ネットであれこれ調べてたどり着いたのが鳥部製作所の「スパッター」。なんと切れそうな名前！

全開するだけで刃を分離できるので隅々まで洗えるうえ、オールステンレスで衛生的。切れ味がよく、肉をブロックごと切ったり、生姜を切ったり、弁当箱に入れた焼き鮭の大きさを調整したりと日々活躍しています。デザイン的にもお気に入り。

ピーラーもオールステンレス。刃に角度がついていて、右手で持った時にむきやすい構造になっています。持ち手も握りやすい波型の形状で、素早くむけるので時短につながる優良ツール。

日常使うものを選ぶ時は、それが〝気分を上げてくれる〟ことも大切だと思っています。「これを使うのが好きだ」「使っていると嬉しい」。そんなことの繰り返しで、暮らしが変わっていく気がします。

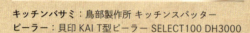

CHAPTER 2

俺の弁当 はる

2018.3-5

山菜の
天ぷら祭～

3月20日(火)

俺と妻

memo
スナップえんどうを
縦に切るときれい
memo
春の新緑が
待ち遠しく、
あおさで演出

今日はバラ肉とピーマンのオイスターソース炒めに、レンコン肉巻き巻き。つくおきのカボサラにひじきとおまめのサラダ、がんもの煮物、あおさのだし巻き卵になりました。んー、春っぽいおかず、何かないかな♬

3月21日(水)

俺のみ

memo

タケノコに
黒コショウたっぷり、
意外に合う！

今日は**春パスタ**にしてみました。**春キャベツ**に**タケノコ**、**菜の花**に**エビのペペロンチーノ**をメインに、**生ハムカボサラ**に**チキンフライ**です〜。菜の花の苦味がなかなか癖になる〜。(※前日フォロワーさんに春っぽいおかずを質問して、それを参考にしました)。

3月22日(木)

今日は妻の弁当のみだったので、リラックスして作れました。鱚と牡蠣のフライをメインに、だし巻き卵、栄養たっぷりひじきとおまめの煮物、がんもの煮物に、ブロッコリー生ハム巻きしてみました。

妻のみ

俺と妻

3月23日(金)

今日は基本の和弁当。焼き鮭にあおさ入りだし巻き卵、ひじきとおまめの煮物に、揚げない簡単唐揚げに、簡単タルタルソース、昆布締めに使った昆布の佃煮にしてみました。

4歳の娘が起きてすぐに、櫛を持って髪をとかしてました。初めての事だったので朝からホッコリ。

4つ弁

3月24日(土)

うわ〜、恐怖の4つ弁、それもなれないおいなりさんを作るから配置が難しかった〜。かなり大きいし。でも最後はなんとか形になりました♪ ここからの保育園準備、登園が1日で一番忙しい時間。ネジを巻いて頑張るぞ〜。

※妻、娘、息子、自分の4つお弁当を作る日を「4つ弁」と称しています。

俺のみ

3月25日(日)

今日は自分弁当だけ～ということで普段作らないチャレンジメニュー、名付けて**【イタリアン春弁】**。**菜の花と春キャベツのトマトニョッキ**と、**トマトハンバーグ**。**かいわれ大根の生ハム巻き**にしてみました。**ゆで卵**も少しアーチ状に。さぁ今日もお仕事頑張りますよ～。

memo

生ハムでくるっと巻くだけ。
保冷剤はしっかり入れてね

3月27日(火)

今日は昨夜**塩麹で漬け込んだ鶏のもも肉ソテー**に**青椒肉絲《チンジャオロースー》**、**あおさの卵焼きにひじきとおまめのサラダ**、自分だけ**厚揚げの煮物**にしてみました。初めての塩麹漬けもも肉の柔らかさには感動！これはお弁当向き間違いなし！

俺と妻

俺の

ジュ〜ッ!いい焦げ目だ

塩麹鶏もも肉ソテー

塩麹マジックで、冷めても柔らか〜。うん、コレはお弁当にぴったり!

材料（多めの2人分）

鶏もも肉…400g
塩麹…大さじ1
塩…小さじ½
黒コショウ…少々

作り方

1 ビニール袋の中に、鶏もも肉、塩麹、塩、黒コショウを入れて、しっかり揉み込み、10分ほど置いておく。

2 **塩麹は焦げやすいので、キッチンペーパーで表面の塩麹をさっと拭き取る。**

3 フライパンを中火に熱し、油（分量外）をひき、皮目から焼き始める。

俺のうまうまポイント

ビニール袋でよく揉み込めば
何時間も漬け込む必要なし！

ジュ〜ッ

4 **フライ返しで肉をフライパンに押し付け、**こんがり焼き色を付ける。周囲が白っぽくなったら裏返して、ふたをし、弱火にして約4分焼く。そのまま予熱で火を入れ完成！

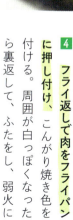

3月30日（金）

俺

妻

4つ弁

むすめ

むすこ

今日は**コンソメ**と、**カレー味の塩唐揚げ**をメインに、大人は**しいたけの肉巻き**。子どもは**タコさんウインナー**ならぬ、**ヒトデさんウインナー**。子ども達の弁当には妻がにぎる**おにぎりが別盛り**です。あ〜、時間がないのでこの辺で。では、今日もよい1日を。

3月31日(土)

俺

妻

4つ弁

むすめ

むすこ

今日も恐怖の4つ弁なのでちょっと早起き。前に銚子沖の海底から釣り上げた40㎝オーバーの**アイナメを昆布締めにして焼いたもの**、みんな大好き**鶏の唐揚げ**、**レンコン肉巻き**に、**せり入りだし巻き卵**、**こんにゃくのかつおぶし炒め**。今日はみんな早起きしてくれたので、保育園にも少し余裕を持って行けそう。

4月2日(月)

新年度一発目は景気良く**ノドグロの焼き物**をメインに、**豚の角煮**と**野菜煮**、**だし巻き卵**に**しめじのペペロンチーノ**、**ピーマンのオイスターソース炒め**にしてみました。珍しいノドグロは半額セールでGET♬ スーパーで出会えるなんてしあわせ。

俺と妻

memo
ノドグロの正式名称はアカムツ。
100〜200mの深い海底で釣れる旨味の強い白身魚です。

俺のみ

4月3日(火)

今日はパン粉まで付けて冷凍しておいたエビフライに、豚の角煮とあおさのだし巻き卵、あとは昨日と一緒でしめじのペペロンチーノとピーマンオイスターソース炒めです。てんこ盛りにしないで、少し軽盛りにしてみました。では、今日もよい1日を。

memo
ピーマンと
オイスターソース、
相性ぴったり！

「ホーホケキョ♪」

4月4日(水)

今日は山菜採りに。**たらの芽、こごみ、わらび、アサツキ、アケビの新芽**などたくさん採れました。ウグイスのさえずりが山山の中に響いていましたが、まだ鳴き方が上手じゃないんですね。吹き出してしまいそうな位に下手な鳥もいました（笑）。さて、今夜は天ぷら祭決定です。里山の恵みに感謝。

4月5日(木)

昨日は山菜の天ぷら祭りをしたおかげで、胸焼けで眠れなくなりました～（笑）。美味しくても食べ過ぎには注意です。今日は**たらの芽とこごみの天ぷら**に、**豚の角煮、ギンダラの煮付け**に**だし巻き卵、ひじきとおまめの煮物**にしてみました。

俺と妻

memo
ひき肉にすると
あんと野菜がよくからんで
これもまたヨシ

俺のみ

memo
今日はカボサラに
クリームチーズを
入れました

4月8日(日)

今日は自分の弁当だけ〜！　**レンコンと、えのきの肉巻きに、ひき肉青椒肉絲、あおさのだし巻き卵に、カボサラ、きんぴらごぼう**、以上。家族とのんびりお休みしたいですが、なかなか休みが合いません…。ゴールデンウィークまでがまんがまん。では、今日もよい1日を。

俺のみ

4月12日(木)

今日は以前からやってみたかった**エビコロッケ、牛肉のしぐれ煮、だし巻き卵にタケノコのソテー**。エビフライならぬ、**エビコロッケはマッシュポテトをエビのまわりに巻いて、**ぷっくら太らせました。それをみた妻から「パパみたいっ(笑)」…。

俺と妻

4月13日(金)

今日は**ひき肉にざく切り玉ねぎとしゃきしゃきレンコンを入れたメンチカツ**に昨日の**エビコロ**。**牛肉のしぐれ煮**に、**切り干し大根煮。切り干し大根は大根の皮を再利用。細切りにして干して**います。寝る前に始まった揚物祭りのおかげで余裕を持って弁当づくり終了~。晩ごはんもメンチカツにまん丸コロッケです。

俺の

肉巻き巻き〜

何を包んでもうまいノダ！

豚バラで包むと、なんでこんなにおいしいのか!? 魔法の肉巻き巻きシリーズ

材料（作りやすい分量）

豚バラ肉…120g
レンコン…100g
小麦粉…適宜

【合わせ調味料】

醤油…大さじ2
みりん…大さじ2
酒…大さじ1
砂糖…小さじ2
はちみつ…小さじ1

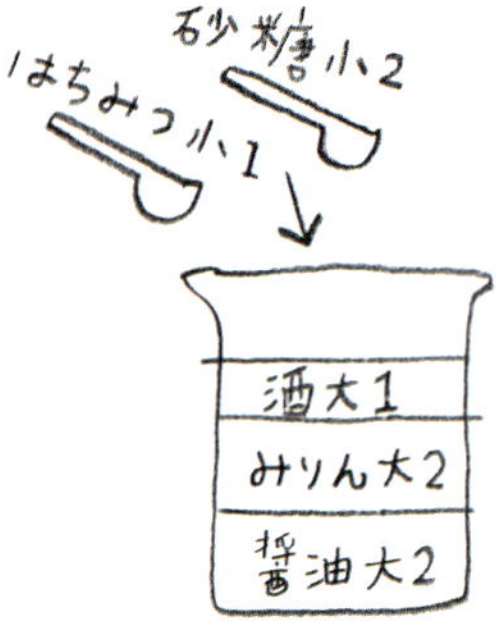

作り方

1 レンコンを7〜8㎜にスライスし、水にさらす。

2 豚バラ肉でレンコンを巻き、小麦粉をまぶす。

3 フライパンに油をひかずに豚肉の**巻き終わりを下にして**焼き始め、両面をこんがり焼く。脂が出てきたら、キッチンペーパーで拭き取る。

4 合わせ調味料を入れ、とろみがつき、照りが出たら完成。

なんでも巻いてみよう！

＊他にもオクラ、糸こんにゃく、エリンギなども巻いてみたよ〜。
みんなもチャレンジしてみてね！

かぼちゃ巻き

かぼちゃはさっとレンチン。

うずら卵巻き

うずらの卵は水煮を使って時短。

水菜巻き

オクラ、いんげんなど巻きやすい緑の野菜ならなんでも。

高野豆腐巻き

高野豆腐は出し汁で戻して棒状に切っておく。

俺のうまうまポイント

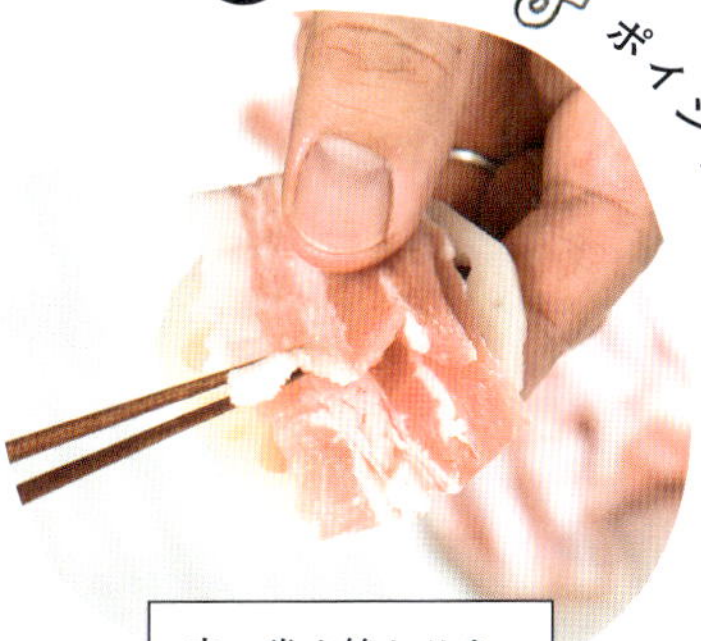

肉の巻き終わりを
食材の平面部に
もってくるのがコツ

4つ弁

4月14日(土)

今週も来ました4つ弁デー、なんだか毎日揚げまくっているような…。**レンコンシャキシャキメンチカツ**に、**塩麹で柔らか唐揚げ**。**だし巻き卵**に**ひじきとおまめのサラダ**。そして**切り干し大根煮**になりました。

4月15日(日)

今日は巻き巻き～。**シャキシャキレンコンに、えのき、うずらの卵を巻いて**みました。レンコンは地元茨城の名産、ビタミンCが豊富で疲労回復、美肌効果などなど～。

俺のみ

4月16日(月)

俺と妻

今日は特売で買っておいたアジを、昨夜妻と**下ごしらえしておいたアジフライ**弁当。アジの中骨抜きは妻のお仕事、助かるよ～。それと昨日と同じ**レンコン巻き巻き**。これは昨日弁当用で多めに**肉まで巻いておいて、今朝焼いています**。あとは**もやしとほうれん草のナムル**。やばっ！　今日も余裕ないよ～。

4月17日(火)

俺のみ

今日は冷蔵庫お掃除弁当デー。**旬のタケノコと干しエビの炊き込みごはん**に、照りが付き過ぎた**鶏ももの照り焼き**。うん、なんかビニールみたい…。**エビとブロッコリーの炒め物**に、**もやしとほうれん草のナムル**、**ユデタマ**にしてみました。

4月19日(木)

俺と妻

今日のメインは2品。**鶏ももの唐揚げ**と、**肩ロースの焼豚**。それに**あおさのだし巻き卵**に**カボチャのサラダ**、**チキンとおまめのサラダ**にしてみました。昨夜は鞍掛《くらかけ》豆を煮ましたが、何にしようか思案中。経験のある方は教えてください！

俺の アジフライ

揚げたてをほうばりたい！

日曜日のパパ！
夕飯に作ってみよう！

材料（作りやすい分量）

アジ… 2〜3尾
塩… 適量
小麦粉、卵液、パン粉… 適量

作り方

1 アジを三枚におろし、**皮をむく**。

2 うっすら塩をふり、5分ほど置く。**身から出てきた水分をキッチンペーパーで拭き取る**。

3 2に小麦粉をつけ、優しくはたいて余分な小麦粉を落とす。卵液にくぐらせ、パン粉をつける。

4 170℃の油でいい色になるまで3分ほど揚げる。

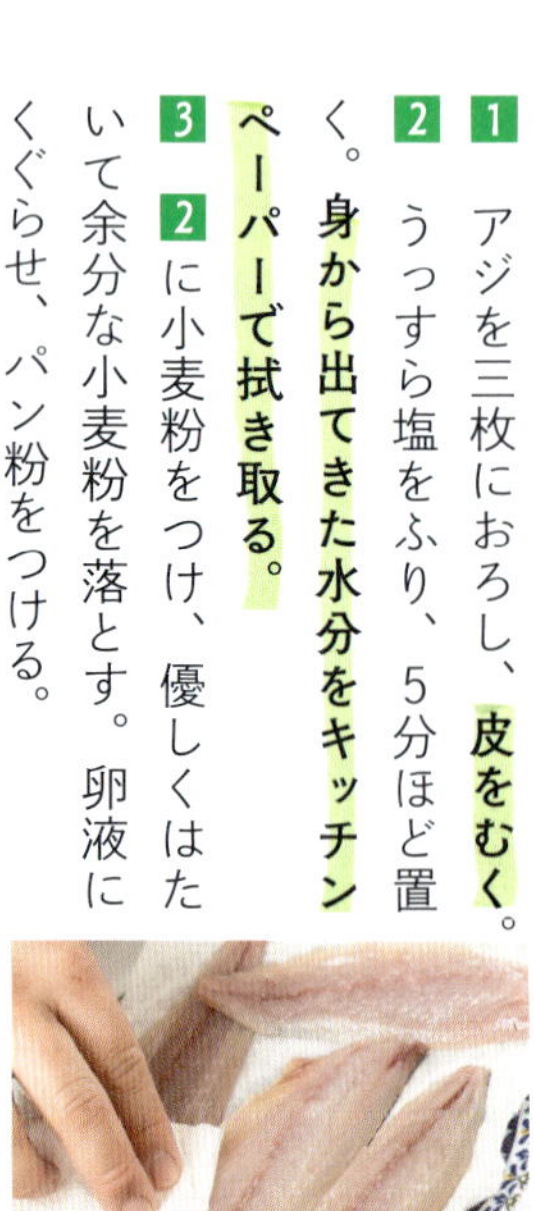

皮をむくと
臭みが少なくなり
子ども達も
パクパク！

俺の 魚のおろし方教室～

お弁当に入れやすいように３枚におろします。

1

頭を落としハラワタを取り出し、水道水でよく洗う。血が生臭さの元なので、しっかり取り除こう！

2

尾のところにあるギザギザした「ぜいご」を包丁を寝かせて取り除く。

3

背の方から包丁を入れて包丁を中骨に沿って滑らせながら、二つに分ける。うーん、難しいね！

4

コレが２枚おろしダ！できるだけ身の部分を多くとりたい。

こっちの面がむずかしい!! 慎重に丁寧に！

5

同じように中骨に沿って包丁を入れ、滑らせながら３枚におろす。

6

頭の方から皮をむく。布巾やキッチンペーパーでつかむと少しやりやすいかな。

7

腹の骨を包丁を寝かせてすきとる。ここの骨は太いからしっかり取ろう。

8

中骨を骨抜きで抜く。指をすべらせて骨を探そう。

練習あるのみ！

共働き、家事は半分以上やるつもりで

夫婦で家事を分担しているとはいえ、「洗濯はきみで掃除はわたし」のようにすべてハッキリと役割を分けているわけではありません。朝は、私が弁当と朝食を作っている間に、妻が子どもたちの世話と洗濯物干し。保育園に送って行くのは半々くらいで、送らない方がゴミ出しをします。掃除は、仕事が休みの方がするように。4月からは妻の勤務体系が変わり、妻は土日、わたしは基本平日休みなので、だいたい週に数日は掃除ができているかなあという感じ。わたしにはハウスダストアレルギーがあるし、子ども達のためにもできるだけ清潔を保ちたい思いがあります。

休みの日には布団を干したり、やる気がある日には、オキシクリーン（酸素系漂白剤）を使い、キッチンでは換気扇のお掃除、浴室では浴槽にオキシ液をつくり、風呂桶や棚板、子どもの人形などを漬け込んで汚れを落としたり。オキシ液は洗濯機のホースで吸い込んで、ホースの内部の洗浄、洗濯槽の見えない裏側まできれいにしてくれます。たまにのことではありますが、やるとなんともすがすがしい！

夜は、早く帰ってきた方が夕飯の準備をします。大人しか食べないし、子ども達のお風呂の世話もあるし、何より疲れているので、簡単なもの。手の空いている方が、洗濯物を畳んだり、食器を洗ったり。あんまり疲れた日はついつい、リビングに大の字になって伸びてしまうのですが、そんな時は妻ががんばって家事をしてくれます。わたしの方も、妻に疲れが見えた時にはがんばるようにしています。いつも、お互い補い合いながら。共働

調理台にラップを敷いてお皿代わり、肉や野菜はキッチンバサミでカット。食材を鍋に入れたらラップを捨てるだけ。洗い物をできるだけ少なくしたい時短の工夫です。

きは、そうやっていくしかありませんよね。

以前、洗濯物の負担を減らすために「子ども用の服掛け」を作りました。洗濯物を取り込む部屋に家族の衣類収納があるので、そこの天井からひもを2本吊るして、ポールを通しただけ。ハンガーを取り込んだらそのままポールに掛ければよく、畳む手間が省けます。元々畳むのがあまり好きではなく、子どもの分だけでも省略できると大分ラク。そして畳み終わった服を収納まで運んで入れる作業が苦手なので、引き出しの前で畳んで一枚ずつしまうことに。こんな風に、苦手を克服すべく家事にも工夫をしています。

この工夫が、最近では「仕事にも活きる」と実感しています。私は工務店で営業として働いているので、お客様の家づくりの際に家事動線の話などができる。自分が実際に家事をしていることで、どんな工夫が暮らしに効くのかを身をもって考えることができています。

ちなみに一番好きな家事は、なんといっても買い物です。週に2度ほどの会社帰りのスーパーは娯楽のようなもの。「何作ろう」「どう使おう」と目をキラキラさせてカートを押しているおじさんがいたら、それはわたしです。安売りしているものからメニューを決めることができると、「今日も家計に貢献しているな〜」と悦に入ってしまいます。

俺と妻

4月20日（金）

レンコンと豚バラと言ったら〜、巻き巻き〜ということで**レンコンと水菜を巻いて**みました。その他に、**アスパラとエビの魚醤ペッパー炒め**。ここからは昨日と同じ、**焼豚**、**カボサラ**、**チキンとおまめのサラダ**にしてみました。今日も暖かくなるみたい。やばっ、急いで食べて保育園に向かいます！

俺のみ

4月21日（土）

あちゃ〜、わっぱ弁当を勤務先のシンクに置いてきちゃったよ。なので今日はシーガルの弁当箱。今日は自分だけなので普段作らないチャレンジメニュー♪とは言っても**ナポリタン**〜。でもいろいろ入ってるよ、**ピーマン**、**パプリカ**、**しめじ**、**タケノコ**、**ウインナー**、**豆**が入ってます。隠し味には**みりんと魚醤**をちょろり。さてそろそろ行かなきゃね。

4月22日(日)

4つ弁

俺

妻

むすめ

むすこ

はい！ 来ました恐怖の4つ弁デー。でもなんとか乗り切れたかな。今日は**メンチ**と、巻き巻き新作「**高野豆腐巻き巻き♬**」。豆腐も巻いてみたいなんてコメントを先日いただいたので、高野豆腐にしてみたよ。だしで戻して絞って、いつもの巻きだから簡単だよ。その他は**あおさのだし巻き卵**に昨日の**ナポリタン**、大人は**カボサラ**に**ほうれん草ナムル**です。今日も仕事に保育園、子ども達の準備をして、そろそろ行かなきゃね。

妻のみ

4月24日(火)

今日は一昨日戻しておいた**高野豆腐とタケノコの巻き巻き**～。タケノコはたくさんいただいたので、どんどん食べなきゃね！ その他には**ブロッコリー入りだし巻き卵**に、**牛肉のしぐれ煮**と、一品少ないけど、まっいいでしょ。

俺のみ

4月25日(水)

はい！ 今日はタケノコ祭り～♬ いただいた筍を使って三品**タケノコごはん**に**青椒肉絲**、**がんもとタケノコの煮物**、それに昨日の夜揚げた**唐揚げ**に**カボサラ**に**ブロッコリー入りだし巻き卵**といった感じに。うん、おかず入れすぎたかも。

俺と妻

4月26日(木)

今日は少しヘルシーな優しい弁当にしてみました。**基本の焼き鮭**に**青椒肉絲**、**タケノコとがんもの煮物**に**牛肉のしぐれ煮**、**ゆで卵**にしてみました。昨日と比べるとおしとやかな感じで、女性向きのおかずじゃないかな。さぁ、ここからの時間が忙しいので、スピード上げていきますよ～。

俺のベスト副菜

ひじきの煮物

作り置きできるので、弁当作りの強力助っ人！　乾燥ひじきとにんじんが俺の基本、それにちくわや枝豆を加えて。乾燥ひじき11gを水で戻し、醤油、酒、みりん、砂糖各大さじ1、水100ccでサッと煮ます。

ほうれん草ナムル

水にさらさずに冷ましてから切って冷凍

ほうれん草はひと束ゆでて残りは冷凍しちゃう。但し、一度にゆでないで、お湯の温度が下がらないように面倒でも2〜3回に分けるのがおいしくなるコツだよ。味付けは白ゴマ、ゴマ油各大1に中華調味料「味覇《ウェイパー》」小1で。

牛肉のしぐれ煮

牛コマ肉200gはさっとゆでて脂を抜くのがポイント。薄切りにした生姜20gと肉を炒め、調味料（醤油、酒、みりん各大さじ2、砂糖大さじ1、はちみつ小さじ1）を加えて煮汁がなくなるまで炒り煮しよう。

4月27日(金)

俺

妻

4つ弁

むすめ

むすこ

今週も来た、恐怖の4つ弁デー、やっぱり大幅に仕上がり時間が遅れてしまった～。でもいろいろ入れといたよ。子ども大好き**アジフライ**をメインに**鶏照り**と**ちくわ磯辺揚げ**、**枝豆だし巻き卵**、子供は**ヒトデさんウインナー**に**オレンジ**♪。大人は**がんもとタケノコの煮物**に、**ふきと油揚げの煮物**。何種類入ってるかわかりませーん（笑）。

5月2日（水）

今日は**エビフライ**に**レンコンとうずらの卵巻き巻き**、それに**あおさ入りだし巻き卵**に、**カボサラ**、**ほうれん草のナムル**にしてみました。エビフライを冷凍保存するときにいつもやっている、**キャンディエビフライ**（↓59ページ）。ラップの上で、エビフライを少し離してぐるぐる巻くだけだけどね～、**冷凍してもくっつかず、1本ずつ取れるよ。**

俺と妻

俺の お店みたいにまっすぐ〜 エビフライ

エビフライって
どうしてご馳走感あるんでしょう?
お弁当に入っているとうれしいよね。

材料(作りやすい分量)

エビ…7~8尾
小麦粉、卵液、パン粉…適量

作り方

1 エビは爪楊枝で背わたを抜き、酒と片栗粉をよく揉み込んで**臭みや汚れを取る**(黒っぽい水が出てくるよ)。
2 揚げた時にエビが丸まらないよう内側の筋を包丁で4、5ヵ所切り、**身をぎゅっと伸ばす**。
3 2に小麦粉をつけ、優しくはたいて余分な小麦粉を落とす。卵液にくぐらせ、パン粉をつける。
4 170℃の油でいい色になるまで3分ほど揚げる。

俺のうまうまポイント

ポキっと音がするくらい筋を指でつぶすのが大切

キャンディ・エビフライ

キャンディのようにエビフライを冷凍して置くと、1本ずつ好きな分だけ取り出せて便利。

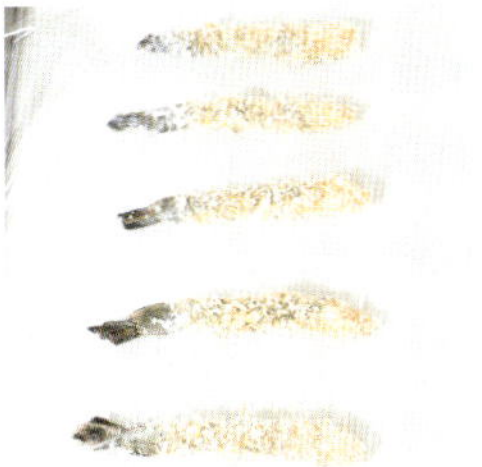
並べて整列~

端から巻いて~

巻いて巻いて~

最後は両端を絞ってキャンディ型に

子どもと休日、どんなふうに過ごす？

仕事が平日休みのため、子ども達と休みが合いません。保育園でとくべつな予定がない時などは、わたしに合わせて休んでもらうこともあります。そんな子ども達と3人の休日は、近くの小さな山へ行って自然の中で遊びます。子どもたちが一心に棒きれや草花や木の実で遊ぶのを見守りながら、季節によっては山菜を探すことにも余念がありません。ときに、気がついたら私のかばんに大量の松ぼっくりが詰め込まれていることも。どんぐりも松ぼっくりも、拾っているだけで夢中で楽しめる……子どもの特権ですね。

わたしは、仕事仲間である大工さんから、山菜採り、キノコ狩り、海釣りなどを教えてもらいました。自然の中で遊び、自然の恵みを自分の手でとって食べるのは、とても貴重で得難い経験、子ども達にも教えていきたいと思っています。

おうちでのんびりしたい休日には、よく庭でＢＢＱをします。冬場は暖かい昼間に、夏場は涼しくなる夕方から。家族よりちょっと早めに庭に出て、ビールを片手に炭を熾《おこ》している時間がとんでもなく好きです。なんとい

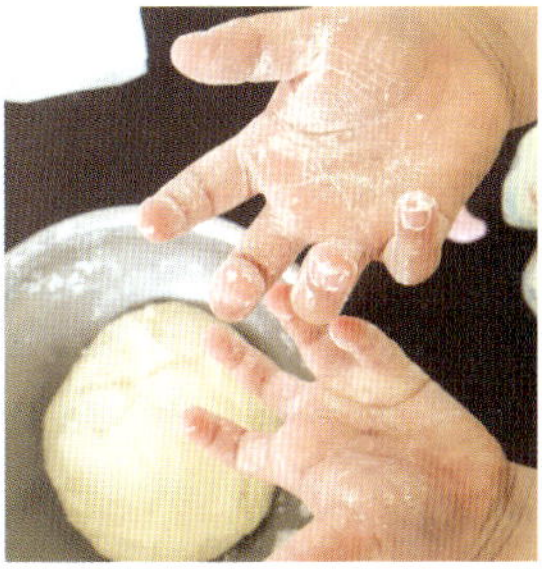

出かけない日でも、ちょっとしたイベントで盛り上がります。この日は肉まんを生地から作ってみました。子どもたちは小さな手でタネを引っ張ったり丸めたりと満喫。

うか……普段は忙しくても、そのゆったりと流れる時間は何にも代えがたい豊かな時間です。そんな自分が大好き（きっぱり）。

　ＢＢＱは「スノーピーク」の焚火台でやりますが、この焚火台がまた最高です。言わずと知れた有名な商品ですが、その頑丈さや機能美のほかにも、オプションで熾火《おきび》までの距離を3段階で調節できるグリルブリッジ、肉や魚で簡単に火加減をベストな位置に調節できるのが素晴らしい。また、我が家はコンロがＩＨなので、焚火で火に接するのは子どもにとっていいことだと思っています。火のよさも、危なさも、接してみないとわかりません。子どもなりに、炭火をうちわであおいだりと準備に参加しています。わたしの両親も加わり、火を囲んで三世代で過ごすひとときや、その後に楽しむ花火や焚火を囲んだ楽しい豊かな時間を大切にしたいと感じています。

　まだまだ幼い我が子達ではありますが、諸先輩方が言うように成長はあっという間なことでしょう。子ども達の貴重な「今」をできるだけ共有し、たくさんの思い出とともに、体験を通して生きる力を育んでいきたいと思っています。

ジュ〜ジュ〜

俺と妻

5月7日(月)

朝起きて、冷蔵庫を開けてみると、休み中に買った鯛が一匹、こちらを向いて鎮座ということで、朝から鯛をさばくところからスタート。なかなかヘビーな朝ですが嫌いじゃないので、ちゃちゃっとおろすの完了。その**鯛のソテー**と**鶏の照り焼き**。**だし巻き卵**に、**タラコとアスパラのサラダパスタ**といった感じから久しぶりの弁当づくりスタートです。さてそろそろ子ども達を起こさなきゃ。これがなかなか起きてくれず、弁当づくりよりもやっかいです。

妻のみ

おかずのレイアウト、自信作〜

5月9日(水)

今日は**巻き巻きオンパレード**。**えのきにうずらの卵**、新メンバーに**こんにゃく**も登場です。こんにゃくがまたうまいっ！体にもいいしね。その他にも、**カボサラ**と**ブロッコリーの生ハム巻き巻き**、**ひじきとおまめのサラダ**、**麻婆茄子**、**あおさのだし巻き卵**といった感じ〜。今日も雨だけど、弁当が綺麗にまとまって最高に気持ちのいい朝になりました。

俺と妻

5月10日(木)

今日は久しぶりののっけ弁。「コストコ」で買った牛肉の塊を切り出して**ステーキ**にしてみました。**赤ワイン**、**醤油**、**みりんの味付け**です。今日は全く余裕がないのでこれで勘弁。それではよい1日を。

5月11日(金)

俺のみ

今日は自分だけの弁当ということで、チャレンジメニュー！ 先日「コストコ」で買った**プルコギビーフ**を使って、**韓国風太巻きの「キンパ」**を作ってみました。うっうん…なんとか巻けたのはよかったけど、盛り付けが難しい〜。こんなもんでよかでしょうか。今日は朝から天気もよく、仕事日和！

5月12日(土)

3つ弁

今日は自分の弁当がないので、妻と子ども達弁当の3つ弁デー。**基本の焼き鮭に唐揚げ、ちくわの磯辺揚げ、だし巻き卵、カボサラにひじきとおまめのサラダ**にしてみました。今日もよい1日を。

妻の友だち弁当

5月14日(月)

今日は、妻が職場でお世話になっている方から、お弁当リクエストがあったので、初の大人弁当3つ！ 家族以外の方へ作るのが初めてなので、少し緊張する〜ということで、**巻き巻き〜。こんにゃく、うずらの卵、レンコン**のスリートップに**焼き鮭**とメインは王道で。**カボサラに枝豆だし巻きに、ひじきとおまめのサラダ**といった感じです。いつも妻の面倒を見てもらい、ありがとうございます！

俺と妻

5月17日(木)

今日は卵がたくさんあり、妻からのリクエストもあったので、久しぶりに**オムライス**にしてみました。レイアウト難しかったけど、形になったかな？ 中身は、昨夜は帰りが遅くて食べられなかった**焼きそばに、ごはんを混ぜたソバメシ**です。

5月26日(土)

俺

妻

4つ弁

むすめ

むすこ

前からやってみたかった「茶弁当」でも品の良さが出るように作ってみました！ 昨夜仕込んでおいた**レンコン入りハンバーグ**に**揚げじゃが**、**ほうれん草入りちくわ**、**カボサラ**に、**ほうれん草ポン酢がけ**、**ゆで卵**といったところです。途中まではチャーシューも入ってたけど、全くまとまらず、どうしようかキッチンの周りをぐるぐる、結局はハンバーグソースの照りに助けられた感じ…。

俺の

レンコンの歯ごたえがたまらない！

ハンバーグ

敬愛する料理家
わたをさん（@n.watao）の
ハンバーグを
自分なりにアレンジ。
地元名産レンコンを
シャキッと
入れてみました〜。

材料（大6個分）

- 合いびき肉…400g
- 絹ごし豆腐…200g
- レンコン…60g
- 玉ねぎ…100g
- 卵…1個
- パン粉…¾カップ
- 塩…小さじ½
- ナツメグ…少々
- 水…¼カップ

作り方

1 豆腐をフォークでつぶして、パン粉を混ぜる（水切りは不要）。

2 玉ねぎはみじん切りにし、電子レンジ600wで6分加熱する。

3 レンコンを粗みじん切りにし、材料すべてを粘り気が出るまで混ぜる。

4 6等分し、サラダ油をつけた手で小判型に成型。

5 油をひいたフライパンで中火の強で焼く。両面に焼き色がついたら、水を入れて蒸し焼き〜。

6 竹串を刺して透明な肉汁が出てきたらOK。ハンバーグを取り出す。

7 6のフライパンに醤油大さじ2、みりん大さじ3、ケチャップ大さじ2を入れ、とろみがついたら、ハンバーグにかける。

俺のうまうまポイント

みじん切りが好きだー！

レンコンは歯ごたえ重視、
このくらいの粗みじん〜

ふっくらでおいしそう！

俺のみ

5月27日(日)

今日は鱈と野菜黒酢あんかけにチャーシュー、ベーコンとじゃがいものチーズ焼きに、ピーマンのオイスターソース炒め、カボサラにゆで卵といった感じです。自分は仕事で行けないけど、家族が甥っ子の運動会応援に行くので、これから運動会弁当を詰め詰めします！

5月28日(月)

今日は久しぶりにレンコンとうずらの卵の巻き巻き～。それに昨日作った鱈と野菜の黒酢あんかけに、大好きカボサラ、それにピーマンオイスターソース炒めに牛肉しぐれ煮にしてみました。

俺と妻

俺と妻

5月31日(木)

今日はロース肉を使っての巻き巻き♬ 中身はヘルシー高野豆腐です。その他には定番のカボサラにバラ肉チャーシュー。あおさ入りだし巻き卵にひじきとおまめサラダといった感じ。さて、子どもモンスター起こさなきゃ。

俺の

鱈と野菜の黒酢あんかけ

甘酸っぱくてほっとする味～

材料（2人分）

鱈切り身…2切れ
ジャガイモ…1個
レンコン…約5cm
にんじん…1/4本
玉ねぎ…1/4個
いんげん…3本

【黒酢だれ】
黒酢…大さじ1
醤油…大さじ1
みりん…大さじ1
酒…大さじ1
砂糖…大さじ1

とろみ…片栗粉小さじ1を大さじ1の水で溶いておく

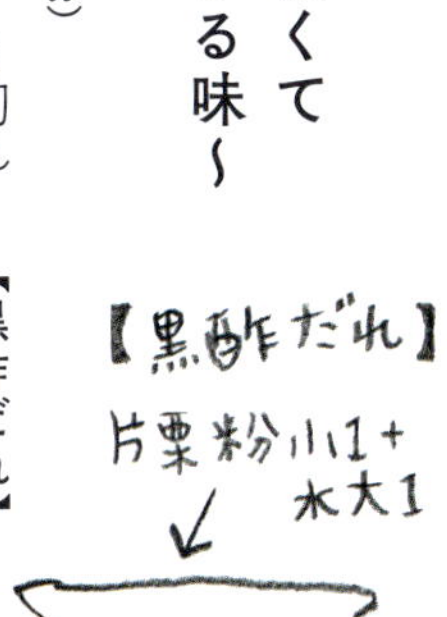

作り方

1 鱈に塩、コショウ（分量外）をふり、5～10分ほど置き、出てきた水分をキッチンペーパーでふく。

2 ジャガイモ、にんじんは細切り、玉ねぎ、レンコン、いんげんも食べやすくカットする。

3 鱈は片栗粉（分量外）をつけて、野菜とともに素揚げする。

4 鍋に黒酢だれを煮立たせ、3を入れて最後にとろみをつけて完成～。

包丁&まな板

包丁：Henckels ヘンケルス　ツインフィンⅡマルチパーパスナイフ 180mm
まな板：woodpecker いちょうの木のまな板 3大

わたしがモノを選ぶときは、「機能性」「素材感」「シンプルか」「デザインされているか」「手入れしやすいか」「気分を上げるか」といった点で見ています。シンプルの定義は難しいのですが、例えば家で言うと、ドアや窓、天井と壁の境に入る線が多くない方がいい。面を揃える、辺を揃える、色を揃える。継ぎ目がなくきれいなデザインは、それが機能性にもつながる気がします。

いいものを見ていると、目が養われてほかの分野で活かせるなあと思うんです。弁当だって、おかずとおかずの上辺を揃えるとか、絶妙に差し色を入れるとか、意識が変わる。そんなわけで、なるべくいいものを持って、大事に長く使いたい。

ヘンケルスの包丁は、実はずいぶん昔に衝動買い。「デザイン」「ステンレスで継ぎ目がなく衛生的」「切れ味」とすべてにおいて素晴らしく、後悔のない衝動買いでした。菜切りや柳刃も持っていますが、ヘンケルスがあれば十分です。ただ大きな魚をさばくときだけは、出刃を使います。

いちょうの木のまな板は、地元の器を扱うお店で見つけました。表面しか抗菌処理のない樹脂製と違い、丸ごと天然の抗菌作用があります。ちょっとした傷なら、自己修復するのも木のよさ。またこのまな板にしてから、包丁への当たりが優しいせいか研ぐ回数が減りました。

CHAPTER 3

俺の弁当 なつ

2018.6-8

夏！
冷やし中華！

6月2日(土)

4つ弁

完走〜。何がって？ 朝から、**鶏の唐揚げ**1.5kgマラソン完走です！ 他は**エビフライ**に**枝豆入り卵焼き**、**マカロニサラダ**に**大好きカボサラ**。子ども達は**フルーツ**と出回り始めた**とうもろこし**が付いてます。あっ！ 俺の弁当にはエビフライ3つ！ ずるいって!? 今日は5時前に起きたから大目に見てね〜。

memo
隠し味に
塩麹とカレー粉を
入れて

6月3日(日)

俺のみ

今日の仕事は自分だけ。いつもより少しだけお布団でゴロゴロ出来たゆったりと静かな時間の中、のんびりとお弁当づくり。しあわせな時間です。**エビとチャーシューゴロゴロチャーハン**、**鶏唐**、**カボサラ**、**ゆで卵**です。

memo
晩ごはんの
サーモン刺身の
残りを再利用

俺と妻

6月4日(月)

今日は大好き**焼き鮭**に、冷凍庫の奥で寝ていた**ステーキを赤ワイン、醤油、みりん、バター**で。もうひとつ寝ていた**アトランティックサーモン刺身を塩ゆでして、卵焼きにin**。その他には、**カニカマちくわ、カボサラ、もやしとニラのナムル**。ふりかけてある**パセリ**と、敷いている**シソの葉**はお庭で朝採りしたものです〜。

俺の

うまうまチャーハン

毎日チャーハンでもいいんです！

えっ！というくらい油をたっぷり使うのがコツ。

材料（多めの2人分）

解凍ごはん…1.5合分
にんじん…⅓本
長ねぎ…½本
チャーシュー…50g
卵…2個
サラダ油…大さじ2
塩…小さじ½

【調味料】

塩…親指、人差し指、中指で3つまみ
コショウ…少々
醤油…小さじ1
うま味調味料…3ふり

作り方

1 にんじんはみじん切りにして600wの電子レンジで30秒チン。

2 長ねぎもみじん切り、チャーシューは角切りにする。

3 ボウルに溶いた卵液に解凍ごはんを投入し、卵ごはんを作る。

4 フライパンを強火にかけ、**煙が出るくらいに温めたら、**サラダ油を入れ、卵液ごはんを投入！ ごはん全体に油をからめ、ほぐしていく。

5 にんじん、ねぎ、チャーシューを加え、さらに炒める。

6 塩、コショウ、うま味調味料で味付けしたら、最後に**醤油を鍋肌に垂らし、**少し焦げたあたりでごはんにからめて完成！

＊これは解凍ごはんのときの作り方。最初に卵だけ入れる作り方もよくやります！

これでごはんに卵がコーティングされてダマになりにくい

油の中を泳いでる〜くらいに油多めに！

俺のみ

6月6日(水)

今日は珍しくお肉なし。昨日銚子沖で釣ってきたお魚がメインの2品になってます。**カサゴはシンプルに塩焼きに、イナダは昨夜、お刺身にして残ったものを照焼きに**してみました。今日から関東も梅雨入りなのかな。今日もよい1日を。

俺と妻

6月7日(木)

今日のメインは**タラコパスタ**。その他には**サーモンと空豆のポテサラ**。アトランティックサーモン刺身が148円だったから買いでしょ、これはうますぎるかも。それに、昨日お客様からいただいた**いんげん豆に、ハムと少しニンニクを入れてソテー**。

memo

パスタはゆでる時に
サラダ油を入れてくっつきにくく。
常温にしてから盛り付け

memo
メンチの中身は
冷蔵庫にあったもの、
イロイロ〜

4つ弁

6月9日(土)

今日は久しぶりの4つ弁デーということで5時スタート。むすこのリクエストで定番**鶏の唐揚げ**、**メンチカツ**をメインに、**いんげん入り卵焼き**、**フライドズッキーニ**、**ポテサラ**に**ほうれん草ゴマ和え**といった感じです。

俺のみ

6月11日(月)

今日は**セロリゴロゴロつくね**（ゴロゴロ感が出せなかった〜）と、**チャーシュー**をメインに、**だし巻き卵**、**ほうれん草の鰹節和え**、**三色ピーマンとひじきの炒め煮**、**カボサラ**といった感じです。

memo
鶏ひき肉に
セロリを大きめに
切って混ぜます

俺と妻

6月12日(火)

今日は**基本の焼き鮭**に、**三色ピーマンを使ってのプルコギチャプチェ**〜。それに**セロリゴロゴロつくね**と、**枝豆入り卵焼き**、**カボサラ**に**三色ピーマンとひじきの炒め煮**といった感じに仕上がりました。

Good News

今日は嬉しいことが！
ウッドデッキの手すりに何かのサナギがいて、いつも観察していました。そして朝、サナギが左右に動き出して、子ども達の目の前でアゲハ蝶が〜！ 感動の瞬間でした！

俺のみ

6月16日(土)

今日のメインは**イカとエビフライ**〜。お天気が悪くても気分が盛り上がるよね。それに**とうもろこしをたくさん入れた卵焼き**、これは焼くのが少し難しかったね。安定の**カボサラ**に**ほうれん草の鰹節和え**、**ひじきの煮物**といったラインナップ。

6月17日(日)

父親に文章を読まれたら恥ずかしい〜

記念すべき、投稿200回目、初めて父親への弁当づくりということで5つ弁〜。今日は**紫キャベツといんげん豆入りメンチカツ**に、みんな大好き**柔らか唐揚げ**。**ハムとじゃがいものカレー炒め**、昨日好評だった**とうもろこしだし巻き卵**、大人は**ほうれん草の鰹節和え**にしてみました。初めての父への弁当。小さな頃からあまり褒められた記憶がないので、きっとそっけない反応だと思うけど、やっぱり少し期待する自分がいるんだよね。若い頃はいろいろ父親に迷惑をかけたこともあったけど、その時にも責めずに優しく、少ない言葉だったけど包み込んでくれた。面と向かって、ありがとうとは恥ずかしくて言えないけど、少しずつ恩返ししていくから。皆さんも、思い思いの父の日をお過ごしください。

俺と妻

memo
手羽元は
下味をつけてから
魚焼きグリルで焼きました

6月18日(月)

今日は昨日の**野菜たくさんメンチカツ**に、**手羽元の炙り焼き**、**ほうれん草の鰹節和え**に、**じゃがいもとハムのカレー粉炒め**、**サーモン入り卵焼き**に**牛のしぐれ煮**にしてみました。昨日買ったメヒカリをこれから処理して保育園に行く準備～。昨日処理しておけばよかった…。

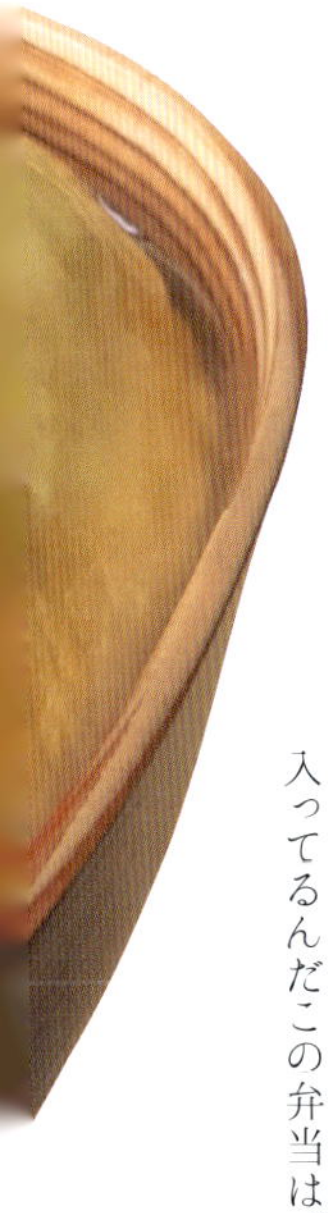

俺と妻

6月19日(火)

今日は昨日の忙しい朝に処理した**メヒカリの唐揚げ**に、見えないけど**野菜たっぷりつくね**、**アスパラの巻き巻き**に、大好評の**コーン入りだし巻き卵**、**いんげん入りちくわにほうれん草鰹節和え**、**牛肉のしぐれ煮**～。どんだけ入ってるんだこの弁当は。

6月21日（木）

今日は基本の**焼き鮭**に、**豚の角煮と煮卵**。**カボサラ**に**牛肉しぐれ煮**と**きゅうりちくわ**。**紫キャベツの即席漬物**にしてみました。紫キャベツが紫陽花のようで梅雨らしい弁当になったかな。

俺のみ

6月22日（金）

今日はメニュー変更～。4歳のむすめが早起きをされたようで。朝から折り紙のお付き合い。時間がないので、今日はできるだけシンプルに仕上げてみました。**玉子丼？天津飯？**なんだかわからないけど、**あんで覆って**います。それに**角煮と紫キャベツの漬物**になります。たくさんおかずを入れるのも好きだけど、弁当以外はシンプルなものが好みなので、こんな弁当も悪くはないかな～。

memo
あんは濃いめにして
うっすらコーティング。

俺と妻

俺の

豚角煮

とろ〜り、箸で崩れる柔らかさ！

夜、寝る前に作ることが多い、チャチャッとメニュー。

材料（多めの2人分）

豚バラ肉（ブロック）…600g
卵…3個
生姜…1かけ
ねぎの青い部分…1本分

【合わせ調味料】
水…200cc
醤油…大さじ3
酒…大さじ3
砂糖…大さじ3

【合わせ調味料】

砂糖大3
酒大3
醤油大3
水200cc

作り方

1 豚肉は3～5cmほどに切る。生姜は薄切り、卵はゆで卵にして殻をむいておく。

2 圧力鍋（ないときは普通の鍋）にふたをしないでたっぷりの水、豚肉、生姜、ねぎを入れ、強火にかけ、沸騰したら中火にし、アクをすくう。

3 30～40分くらいゆでたら、生姜、ねぎを引き上げる。ゆで汁を300ccほど残し、調味料を投入。**鍋のまわりについたアクはきれいに拭き取ること！**

4 圧力鍋でふたをして約20分煮込む（普通の鍋の場合は50分ほど煮込んでください）。

5 蒸気がおさまったら、ふたを取り、ゆで卵を入れ、中火にして煮汁にとろみが出るまで煮詰める。

俺のうまうま時短ポイント

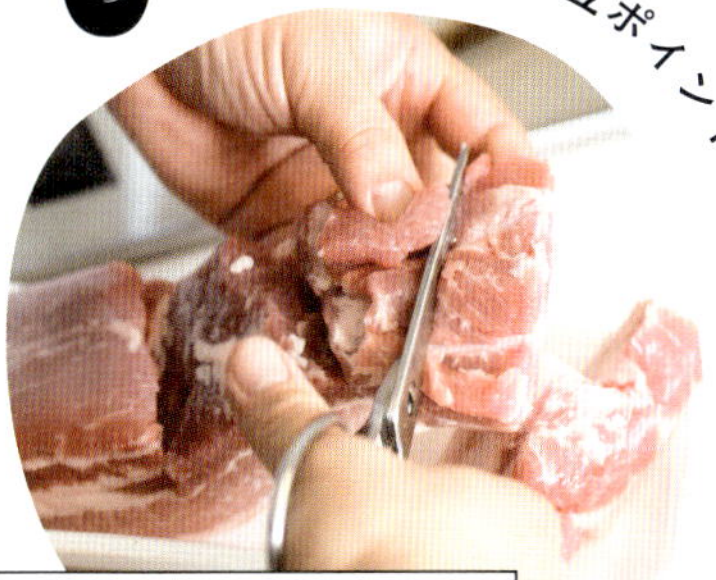

豚バラ肉も生姜もねぎも
キッチンバサミで
トレーの上で切っちゃう。
まな板と包丁を使いません～

俺のうまうまポイント1

鍋についた
このアクを
見逃すな！

俺のうまうまポイント2

卵にいい色がつくよう、
時々鍋をゆすって！

6月23日(土)

今日は4つ弁デー〜。基本の**唐揚げ**に、これから旬を迎えるカツオが安かったので、**カツオをせっせと包丁でたたいてハンバーグ**〜（血合いはなるべく除去）、それに最近定番になりつつある**とうもろこし卵焼き**、大人には**カボサラ**、**三色ピーマンのひじき煮**に、**紫キャベツの漬物**。デザートに、**さくらんぼ**と**ブルーベリー**です。

4つ弁

妻のみ

6月26日(火)

今日は妻の弁当のみで、**サンドイッチ弁当**〜。って朝ひらめいたので、冷蔵庫の余り物を中心に中身は**カボサラ**、**サーモンレモン**、**トリテリ**、**タマサラ**といったラインナップです。初めてのサンドイッチ弁当、次はもう少しきれいに作れるような気がするよ〜。朝ごはんは同じサンドイッチに、食パンの耳を軽く揚げて、砂糖をまぶしたアレです、子ども達大好き。

memo
サーモンを焼いてほぐし、レモン汁でさっぱり！

6月28日（木）

今夜はサッカーW杯日本vsポーランド。代表に届くように、全力応援するっきゃないでしょということで、**日の丸オムライス**〜。**削ったチーズの上にパプリカパウダーで立体感**をだしたつもりだけど…。**オムライスの中身は作りおきしてあったひじきと三色ピーマンとごはんを炒めて、トマケチャー**。煮物の甘みでオムライスにも合いそう。その他には**カボサラ**に、**ほうれん草鰹節ポン酢和え**、**手羽元の甘酢焼き**です。

俺と妻

memo
手羽元を
甘酢で漬け込んでから
魚焼きグリルで焼きます

4つ弁

6月29日（金）

今日はリベンジ**カツオのハンバーグ**〜。前回はお魚の量が多くてズッシリな仕上がりでした。今回は**ふわっと感を出すのに、真鱈のミンチ、はんぺん、玉ねぎを入れてみたけど大**正解。子ども達も朝からおいしそうに食べていたので、我が家の定番になるようにして少しずつ味をよくしていきたいと思っています。他は**タコ唐**と**コーン入り卵焼き**、**カボサラ**です。

みんなの休日♪

7月5日(木)

今日は久しぶりに家族の休日。朝からのんびり**サンドイッチ**づくり。**ツナきゅうりにタマサラ、トリテリにトマハムチー、ブロエビタマ**。これを持ってちょっとお出かけに～。それでは、今日もよい1日を。

7月8日(日)

今日は**残り物de塩焼きそば**と、**カツオバーグ**、**塩焼きそばはエビ、ねぎ、焼きとうもろこし入り〜。**肝心の麺、見えてないし。もちろんカツオじゃなくてもお魚なら何でもOK。時間に余裕があれば、**魚は事前に塩をふっておいて出てきた水分を拭き取ると、魚臭さがぜんぜん違うよ〜。**うちの子ども達も臭いがある魚が苦手ですが、喜んで食べてくれたので、少し自信がついてきたおかずです。魚嫌いなお子さんがいる方に作ってもらいたい〜。

memo
焼きとうもろこしで
甘みを追加

俺のみ

俺の カツオバーグ

カツオ苦手な妻に「おいしい!」と言わせた

魚を食べさせたくて、研究に研究を重ねたレシピ。子ども達、完食! ガッツポーズ!

材料(作りやすい分量)

カツオ刺身(柵で)…200g
真鱈(切り身)…150g
はんぺん…50g
玉ねぎ…60g
卵…1個

【合わせ調味料】
酒、醤油、砂糖…各大さじ1
片栗粉…大さじ3
生姜の絞り汁…少々

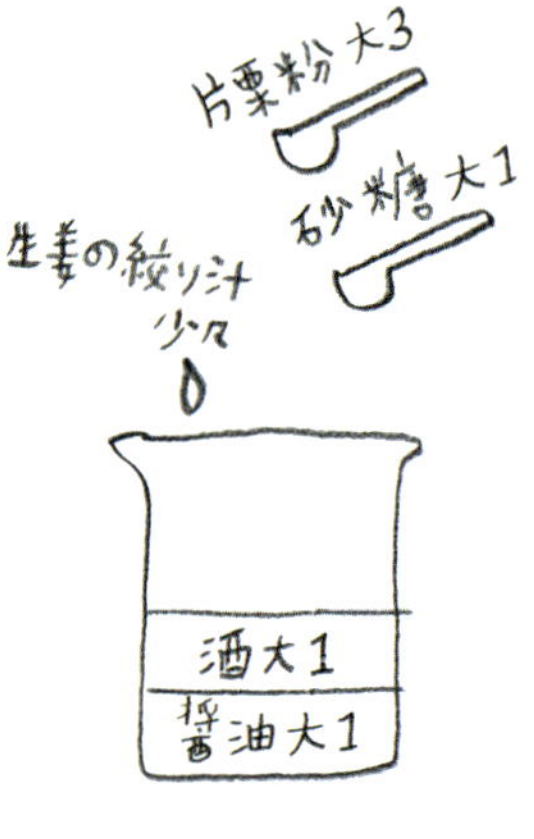

作り方

1 カツオ、真鱈は包丁で叩き、粗みじん切りに、はんぺん、玉ねぎはみじん切りにする。

2 カツオ、たら、はんぺんと合わせ調味料を混ぜ、**粘りが出るまで**しっかり混ぜる。

3 最後に玉ねぎを加えて軽く混ぜる。

4 4～5等分し、小判形に成型する。

5 熱したフライパンにサラダ油（分量外）を入れ、強目の中火で表面に焼き色をつけたら、ふたをして弱火に落とし、約4分。

6 火が通ったら、タレを投入し、照りが出るまで煮詰める。

【タレ】

醤油、みりん…各大さじ2
酒…大さじ1
砂糖…小さじ2
はちみつ…小さじ1

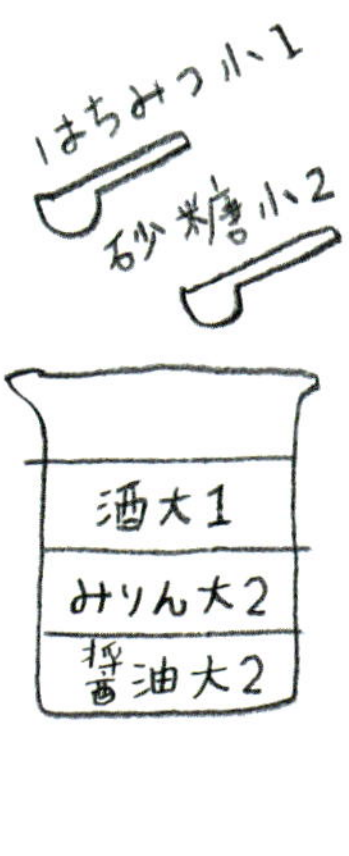

魚を食べてほしいから

釣りが好きで、年に数回仲間と海に出ます。夜中に家を出て、朝の5時に港を出ます。船酔いをするし、何時間ねばっても1匹も釣れないような日もあります。それでも、釣れた時の喜びがあるからやめられません。わたしが主にねらうのは、ヒラメ。水深が一桁の所にいることもあれば、数十メートルの海底にいることも。釣糸を通して、人と魚の真剣勝負です。

釣果のあった日は、家に帰ってから子ども達に披露しつつ、「こんな船に乗って、大海原《おおうなばら》に出て、こんなエサをつけてこの魚を釣ったんだよ」とストーリーを話します。図鑑を開いて照らし合わせながら、ヒレを触ると痛いことや、鱗《うろこ》や歯の様子などを観察します。子ども達は、触ったり嗅《か》いだり、のちほど食べて味わったりして、まさに五感で魚に触れています。今や息子は、口癖のように「ヒラメの唐揚げ食べたい」と言います。親父冥利《みょうり》に尽きますが、4歳児にしてはなかなか贅沢なグルメ発言（笑）。

「魚が切り身で泳いでいると思っている子がいる」という類《たぐい》の都市伝説がありますが、我が子にはもっと食に関して興味を持ってほしい。どこに暮らすどんな生き物を食べているかという意識を持ってほしい。食材には旬があって、いつでも捕れるわけではないことなどを含め、たくさんのことを知ってほしいという思いもあります。

そのおかげといいましょうか、息子と一緒にスーパーに行くと、鮮魚コーナーでひっかかって動かなくなってしまいます。氷の上に並んだ一本の魚を指して、「買って買って」。お菓子やおもちゃではなく、魚をねだるなんて、ちょっとおもしろい4歳児です。買わないと帰れないので、そのたび魚をさばくいい練習ができています。

特訓の成果？ でアジの三枚おろしがすっかり板につき、アジフライは家族の人気メニューに。パン粉をつけるところまで調理して冷凍しておけば、あとは揚げるだけで済む便利な作り置きおかずになります。皮をはぐので臭みがまったくなく、子ども達もパクパクと食べてくれる一品です。

好き嫌いの多い子ども達に、魚を好きになってもらえたのは嬉しいこと。ただ、カツオだけは生臭みを感じるようで子どもも妻も苦手な食材でした。刺身やたたきはハードルが高くても、これならどうだろうと「カツオバーグ」を作ってみました（88ページ参照）。これが大好評で大成功。

自分の工夫で家族が食べられるものを増やせたことで、料理への自信につながった出来事でした。とはいえまだまだ子ども達には苦手な食材があり、「食べたくない」「食べさせたい」の格闘は今も続いています。あれこれと試してみながら、その時その時の家族の「食」と付き合っていきたいと思っています。

7月10日(火)

ふぅ〜。なんとか終わった〜。今日は**鶏の唐揚げ**1.5kgマラソンと、昨夜仕事帰りのスーパーで冷凍物のさんまが安かったからさばいて、**さんまの唐揚げ**〜。それに**小松菜のナムル**と**マカロニサラダ**、**枝豆のだし巻き卵**。下準備ゼロから全部作るのに一時間半。晩ごはんまで作ったと考えればそこそこの成績でしょうか〜。早く美味しく作れるように毎日勉強中。

俺と妻

memo
さんまは塩コショウして
片栗粉をつけて揚げます

4つ弁

7月14日(土)

忙しくて弁当を作れない日が続いたけど、やっと再開〜。今日はむすこの大好物**ヒラメの唐揚げ**と、**鶏の唐揚げ**。いつもの、お魚を**包丁で叩いてのサーモンバーグ**と、**グリンピースだし巻き卵**、**カボサラ**に**ほうれん草ナムル**にしてみました。子ども達にはこの他に**パン**がつきます。早く準備して保育園へレッツゴー！

俺のみ

memo
ベーコンで炒めて
最後に豆乳を投入

7月15日(日)

今日はパスタの一種、**極太パッケリの豆乳クリームソース**。暑いので**レモンの絞り汁を加えて**さっぱりと。**焦がしベーコン**とみんな大好き**エビちゃん入り**です～。それでは、今日も暑い日になるので、熱中症に気をつけて～。

7月19日(木)

暑いときには麺に限る、ということで、**ボロネーゼ**。たくさんトマトをいただいたからトマトソースにして大量消費。おかずは**豚角煮**と**煮卵**、**水菜のナムル**をたっぷりと。それでは、今日も暑いから気をつけて〜。

俺と妻

memo
焼きトマトにして甘みup!

7月21日(土)

これだけ暑いとやっぱり麺だよね〜っということで、初めての冷やし中華弁当〜。**トッピングは焼きミニトマト**と**青紫蘇の千切り**に**半熟卵**。冷蔵庫にある食材で考えながら作ったのでタイムオーバー。おかずは**レタスの巻き巻きレモンソースがけ**でさっぱり。シャキシャキのままレタスに火を通す予定だったけど、できるわけもなく課題は山積み。でも新しい弁当にお昼は楽しみ〜。

俺のみ

7月24日（火）

今日は冷蔵庫をお掃除するために、**夏野菜いろいろみじん切りスパイシードライカレーそばめし目玉焼きのっけ**。赤い粉末はチリパウダーで激辛！と言いたいところだけど、実は**パプリカパウダー**なので全然辛くな～い。その他には**ひじきの煮物**に、いただきもののゴーヤを使って**ゴーヤチャンプルー**にしてみました。

俺と妻

7月25日（水）

今日は久しぶりに朝から揚げ物～。**鮭のフライ**に**タコの磯辺揚げ**。**コーンだし巻き**に**レンチン簡単カボサラ**、**しめじとウインナーのペペロンチーノ**に**ひじきの煮物**。途中娘が乱入してきて、**ホットケーキ**が食べたいと…。ホットケーキミックスもなくあきらめる娘に、**強力粉とベーキングパウダー**、**卵**、**砂糖**、**牛乳**を**混ぜて焼き上げる**と、パパ天才、パパが魔法を使ったよ～！だって。久しぶりにパパ株暴騰中（笑）。

俺と妻

7月27日（金）

俺

妻

4つ弁

むすめ

memo

保冷材がわりに
ゼリーを
凍らせています

むすこ

今日は4つ弁デー、でも少し寝坊～。ブリカツ、塩麹で少し柔らかい鶏むね肉唐揚げ、人気のタコの唐揚げ、コーンだし巻き卵にカボサラ、しめじとウインナーのペペロンチーノ、ひじきの煮物に。子ども達にはスイカと凍らせたゼリー、別におにぎりがついています。

4つ弁

7月28日(土)

今日も4つ弁。**オクラの巻き巻き**に**豚の角煮**と**煮卵レンチン簡単カボサラ**に**ひじきの煮物**、**とうもろこしと青海苔の揚げ焼き**にしてみました。まさに、「ザッ茶弁」やってもうた〜！

俺のみ

7月30日(月)

今日は自分だけだったのでさぼっちゃおうかな〜と思っていたんだけど、できちゃった、名付けて〜**「整列弁当」**（笑）。言うことを聞いてくれたおかずたちは、ぴしっと整列してくれました。**基本の焼き鮭**に**水菜茎の巻き巻き**。**コーンだし巻き卵**に**チクキュウ**、**ジェノベーゼ風のマカロニサラダ**と**水菜のナムル**にしてみました。

妻のみ

8月1日(水)

今日は妻の弁当だけ〜。豚肉ビタミンB1パワーで**夏バテ予防弁当**。**豚バラブロック**が安かったので、**バルサミコソテー**。バルサミコで血行を良くして、さらに疲労回復〜。

俺の
バルサミコソテー

食欲がなくても、醤油ベースの甘辛ソースでご飯が止まらない〜

材料（作りやすい分量）

豚バラ肉（ブロック）…400g
ニンニク…1片
ねぎの青い部分…1本分
生姜…1かけ
パセリ…適量
【合わせ調味料】
―醤油、みりん、バルサミコ、
―酒、砂糖…各大さじ1

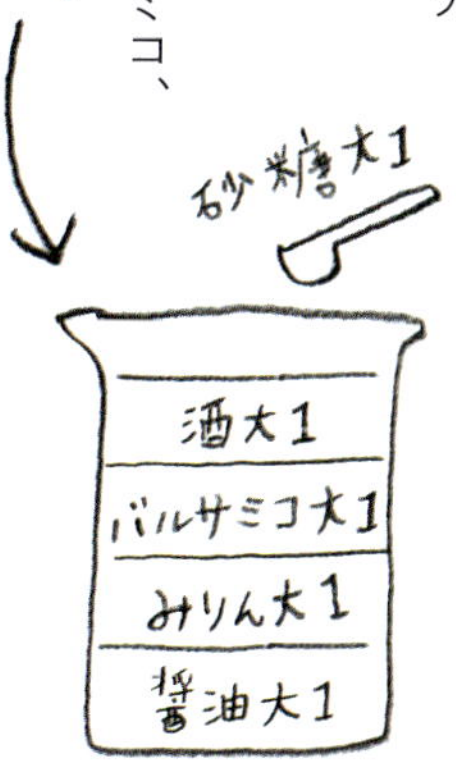

作り方

1 豚バラブロックは前の晩にねぎ、生姜を乗せ、湯気の立った蒸し器で40分ほど蒸す。

2 1の豚肉を食べやすいサイズに切る。

3 フライパンにオリーブオイル（分量外）を入れ、弱火で薄切りにしたニンニクをじっくり炒め、しっかり香りを出す。ニンニクは一旦取り出す。

4 肉を入れ、両面をこんがり焼く。**脂が出たら、キッチンペーパーで拭き取る。**

5 合わせ調味料を入れ、2~3分からめ、タレにとろみが出たら完成。仕上げにパセリみじん切りをふる。

蒸すことで脂が落ちてサッパリするよ

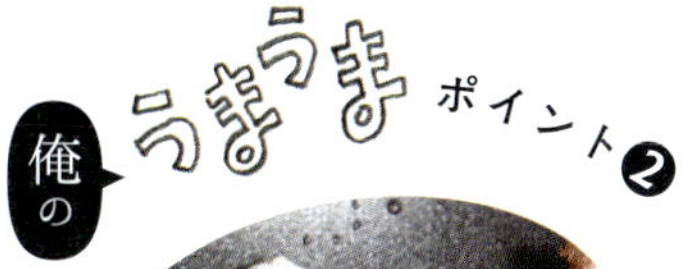

余分な脂をまめに拭き取る、このひと手間が大事～

8月8日(水)

俺

3つ弁

むすめ

むすこ

今日は3つ弁デー〜。

脂がのった良型のアジが98円と安かったので6匹購入して昨日の内に下ごしらえ、皮も中骨も丁寧に取ったので、食べやすいし臭みナシ〜。その他に**レンチンだけの麻婆茄子**にチャレンジ。水分が溜まるのでなかなか難しい〜。でも子ども達にはちょうどよかったみたいで好評でした。その他には安定の**コーン卵焼き**に、**小松菜のナムル**、**カボサラ**に、**パスタ**です。

レゴブロック風
タコ唐(笑)

8月11日(土)

今日から待ちに待った休暇スタート〜。これから出社の妻の弁当、お疲れさま〜。**初のおにぎり弁当**にしてみたけど、この弁当箱なら俵形がいいのかな。**マグロのニンニクバタポンソテー**に、**マグロの竜田揚げ**、**タコ唐**、**コンポタ卵焼き**に**カボサラ**、**ムラキャベ浅漬け**にしてみました。さぁ午後は子ども達をどうやって遊ばせるか、弁当考えるより頭がいたい〜。

8月16日(木)

お盆休みも今日までだから慣らし弁当づくり〜。トゥルントゥルン**豚の角煮**に、**豚キムチ**、**シシャモ**をメインに、**煮卵**に**ほうれん草ナムル**、**カボサラ**に、**ムラキャベ浅漬け**にしてみました。今日も1日、子守り〜。夜になると疲れに疲れてげっそり。1日子どもと一緒にいる世の中のママさん尊敬します！ 外で仕事しているより間違いなく大変だと思うよ…。これから近くの公園にみんなでお散歩しに行ってきま〜す。

4つ弁

8月18日(土)

昨日から空気が入れ替わったかのようで涼しくなりました〜。今日は4つ弁。**タコとイカの唐揚げ、枝豆入り卵焼き、しめじソテー**に**カボサラ、ちくわキュウリ**。行ってきま〜す！

俺と妻

＼盛付けポイント！／
線をそろえるときれいに見える！

Little Incidents

昨日は子ども達が、金魚すくいをやったみたいで、仕事から帰ったらかわいい水槽がありました。とうとうこの日が…。世話をできるか心配だけど、子ども達は喜んでいるので良しとします〜。きっとみんなが通る道なんだよね。

8月23日(木)

今日は**手羽元の甘辛黒酢照焼き**に**基本の焼き鮭、それに豚の角煮**と**枝豆卵焼き、ほうれん草のゴマ和え**に**カボサラ、紫キャベツのナムル**のよくばり弁当です。今日も残暑が厳しいようなので、体調管理に気をつけてよい1日にしましょう。

8月26日（日）

今日も朝から暑い！でもこの暑さも残り数日と思えばかわいいもんだよね。さて、今日は**うまうま炒飯**に**チキンカツ**がメインで〜す。時間がないのでこの辺で。それでは、素敵な日曜日を。

8月30日（木）

昨日さばいておいた**イナダ**と、**秋鮭のフライ**、**ハムステーキ**をメインに、**ベーコン入り卵焼き**、**ジェノベーゼのサラダパスタ**に、**カボサラ**になります。はいっ、茶弁〜。

at the Supermarket

4歳の長男とスーパーに行くとかならず、鮮魚コーナーで加工されていない魚を何か買わないと帰らせてくれません…。長男から料理を勉強しろと試されてる？と、プラスに考えています（笑）。

俺の

頼れる調理道具 ❸

鍋いろいろ

左より：フィスラー圧力鍋、ル・クルーゼ（直径 18cm）、ストウブ（直径 22cm）

父の退職祝いに贈ったストウブが、「重すぎる」とこちらに出戻ってきました（笑）。食材から出た水分で煮込めるし、きれいに焼き目がつくのでチャーシュー作りにぴったりです。いずれ、ダークレッドのオーバルのストウブを持つのが夢。知人がこれを食卓に置いている、その仕草があまりにも素敵だったんです。

フィスラーは、ずいぶん前に福袋で買いました。5品入っていたうち、圧力鍋とソースパン（スープ用）の2つを使っています。やっぱりちゃんと検討して買い物しないとだめですね。この圧力鍋でカレーを作る時には5分加圧すればＯＫなので、カレー等を作る際の時短と光熱費節約に貢献してくれています。18ページの卵焼き器は、南部鉄器製です。以前使っていた安いテフロン加工のものは、熱に負けたのか底がたわみ、卵液が四方に寄ってしまうという悲しい代物《しろもの》でした。今のものに変えたら、あまりに使いやすく一気に料理の腕が上がったように感じました。

鉄製は、テフロンと違いいくら強火で使っても劣化しません。ただ、油をたくさん使う必要があり、浸透するまでは焦げ付きやすい。鍋を育てるような気持ちで使っています。最初に高温でよく焼き、油をしっかり使う。使い終わったらしっかり乾《から》煎《い》りして乾かし、できれば油をひいて保管することがポイントです。

俺の弁当

CHAPTER 4

あき

2018.9-11

秋鮭
揚げたよ～

9月1日(土)

今日は**鶏テリ**も作ってはみたものの、入れる所がない事に後から気づいた～。いただきもののおいしそうな**ウインナー**と**ハムを使って、厚切りハムカツとウインナー素揚げ♬**新鮮な**生ワカメを使ってのだし巻き卵**と**ワカメナムル、カボサラ**といったラインナップです。

memo
ソーセージは
こんなふうに斜めに細かく
切れ目を入れるのが好み

俺のみ

memo
お化粧にパプリカパウダー
（辛くないよ）

俺のみ

9月2日(日)

はいっ！できたと思ったら時間切れ。**メンチカツ**に**鶏唐**のツートップ、**コーン入り卵焼き**に**カボサラ**、**ワカメナムル**、今日もよくばり弁当完成です。行ってきま～す、それでは素敵な日曜日を。

9月7日（金）

俺と妻

今日は**メカジキのレモンバターソテー**と、**まんまるコロッケ**をメインにして、**コーン卵焼き**に**ひじきの煮物**、**ほうれん草のゴマ和え**にしてみました。

memo
バター焼きにして
最後にレモンを
ぎゅっと絞ります

9月8日（土）

4つ弁

早朝から花火が上がってるから、地元の運動会かな～。今日は**鶏とタコの唐揚げ**の最強ツートップをメインにしたよくばり弁当。その他には**ゆで卵**に**ほうれん草ゴマ和え**、**ひじきの煮物**、**カボサラ**を添えました。今日は少し時間に余裕があるから子ども達に絡んできま～す。それでは、素敵な週末を。

9月9日（日）

今日は**中華弁当**〜。マイブームの**シンプル卵炒飯**に**シュウマイ**、**鶏の唐揚げ**ということで、今食べたいものだけ入れたよくばり弁当です。朝から**シュウマイ**包んだんだけど、これは朝やっちゃだめだね…。シュウマイは二段重ねの六個はいっています。それでは今日も張り切って、お仕事行ってきま〜す。

9月11日（火）

天気予報を見ると今日からだいぶ涼しくなるみたい。暑い時にはあまり作る気にならなかった、巻き巻き～を久しぶりに。**豚バラ薄切りでレンコン、うずらの卵、たまたま目の前にあったきゅうりを巻いて**みました。はいっ茶弁、照りで少しはごまかせたかな～。

俺のみ

memo
ばあちゃんの畑で
採れた小松菜で
彩りをプラス

9月14日（金）

今日から三日連続4つ弁～ということで、一発目は子ども達一番人気、**焼き鮭＆鶏の唐揚げ弁当**です。今日は保育園で祖父母招待日なんだけど、日程が重なってじいちゃんばあちゃんが来れないことにむすめが少し落ち込んでしまって…。かわいそうだけど、まっ！何とかなるでしょ～。がんばれむすめ!!

4つ弁

俺の

うまうまシュウマイ

肉の旨みたっぷり、ジューシー！

粗びき肉に
豚バラ肉を混ぜるのが
ポイント！

材料（約12〜14個分）

豚粗びき肉…200g
豚バラ肉（薄切り）…50g
玉ねぎ…100g
塩…小さじ⅓
シュウマイの皮…12〜14枚
グリンピース…12〜14枚

【合わせ調味料】

醤油…大さじ1
ごま油…大さじ1
砂糖…大さじ1
生姜すりおろし…一片分

片栗粉…大さじ2

作り方

1 豚バラ肉を**粗みじん切り**にし、粗びき肉、塩を加え、粘りが出るまで混ぜる。

2 合わせ調味料、片栗粉を**1**に加え、最後にみじん切りにした玉ねぎを加える。

3 **2**をシュウマイの皮で包み、上にグリンピースをのせる。

4 蒸し器を用意し、旨味をとじこめるために強火で10分程蒸す。

俺のうまうまポイント

大きさの違う肉を混ぜると
肉の食感が立体的になるよ

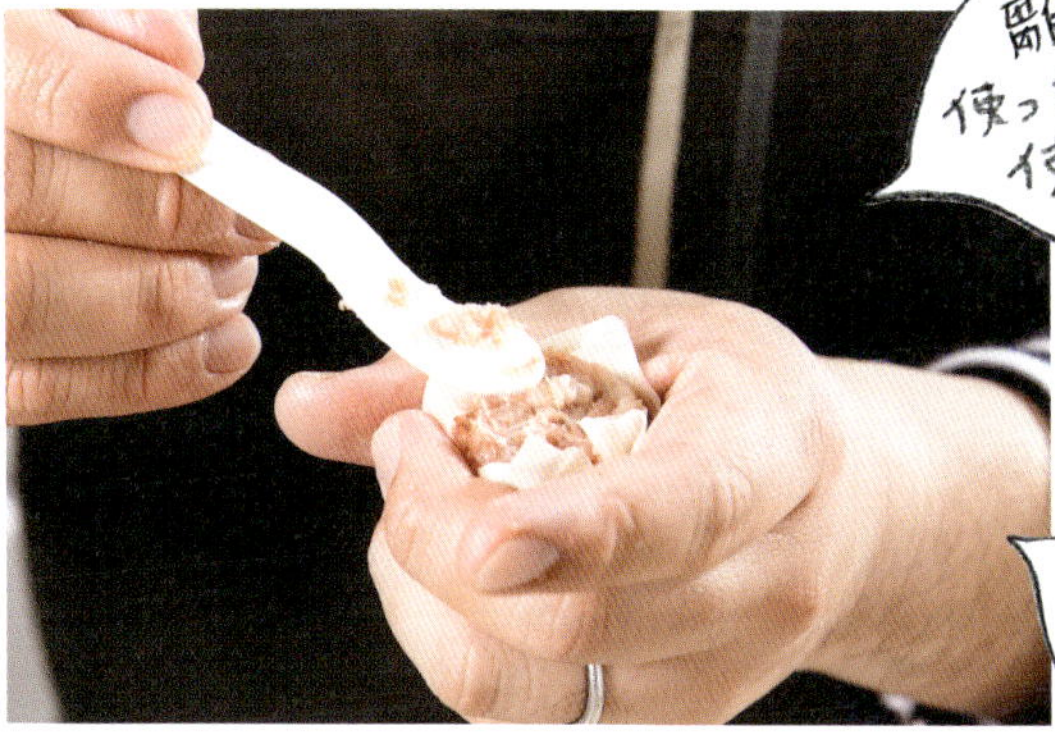

離乳食に使ったスプーンが使いやすい!
底は平らに～
空気を抜きながらペタペタ

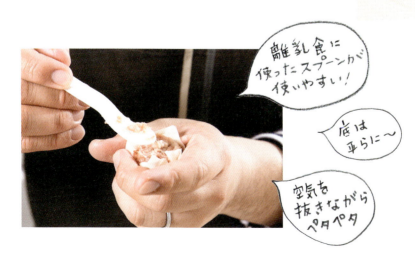

9月15日(土)

俺

妻

シソの葉は
庭に
ダッシュ!

4つ弁

むすめ

むすこ

今日は「コストコ」のヒレ肉を使っての**ヒレカツとタコ唐**をメインに、**いんげんとシラスの卵焼き、カボサラ、ニンジンとゴボウのサラダ**にしてみました。はいっ時間切れ～。なんとか出来たけど、あと5分あればな～って出来栄えでしょうか…。それではまず保育園に行ってきま～す。

9月16日（日）

4つ弁

連休、楽しんでますか～？　みんなどんなところで過ごしてるんだろうね。４つ弁三連続最終日、二度寝して完全寝坊やってもうた～。**ニンジンとたらこの炒飯にエビのせ**、昨夜寝る前に作った**サンマの煮付け**、**カボサラ**に子ども達には冷凍唐揚げです。時間ないのでもう行くよ～。それでは、素敵な連休を。

俺のみ

9月17日（月）

昨日いただいた**フレッシュポルチーニを扇風機で一夜干しして、ペペロンチーノ**にしてみました。ポルチーニといっても、イタリア産じゃなくて、地元で採れる和製ポルチーニね。そろそろぼちぼち行ってきま～す。

わっぱマジック

弁当を作り始めたころは、妻が買ったプラスチック製の弁当箱を使っていました。プラスチックは手入れが簡単で、レンジで加熱もできて便利なのですが、おかずが滑りやすく盛り付けしにくいという欠点がありました。わたしはおかずをカップに入れて区切るのが好きではないので、下面が滑りやすいのは少々厄介。なぜカップがいやなのかというと、まず見た目が好みではありません。そして、ゴミが出るのも好ましくない。洗えるカップはゴミにならないけれど洗う面倒は増えてしまう、といった理由です。

以前から、インスタや弁当の本で見かけては「曲げわっぱはいいなあ」と感じていたのですが、実際の出会いは仕事のお客さま宅ででした。そのお宅には、曲げわっぱのおひつが置いてありました。その佇まいの美しさ！　しかも使い心地を尋ねてみると、「冷えたごはんでもとてもおいしく食べられるようになった」とのことでした。これはいよいよ、どうしてもほしいと感じた私はメーカーを教えてもらい、すぐにインターネットで注文しました。

そのメーカーは、秋田県大館の「栗久《くりきゅう》」さんです。わっぱにもピンからキリまでありますが、お値段の安いものは底板を2枚継ぎ合わせてあるので、継ぎ目が割れると汁漏れすることがあります。「栗久」のわっぱは正直値が張りますが、底板が一枚板で丈夫。伝統工芸士の確かな腕で、美しいわっぱを作り上げてくれます。あまりにも出来が素晴らしいので後から妻の分も注文しましたが、1カ月半待ちました。それでも、その価値のあるわっぱです。

弁当箱を変えてから、おいしさがぐんと上がりました。わっぱの吸湿性で、ごはんの粒がしっかりとしていてべちゃっとなりません。かといって固くなることもなく、木の湿度管理能力の高さには舌を巻きます。おかげで、パスタがメインの弁当も作れるようになりました。タッパーとは違い、フタがしまりきらなくてもOKとされる点でも、わっぱはわたしの味方。子どもに密閉性のないふたの弁当を持たせることはできませんが、わたしも妻も車通勤なので、盛り上がった弁当にフワッとラップをのせ、帽子のようにフタをのせて、クロスで包めば大丈夫。これで中身がこぼれたことはありません。ただ、天然素材であるがゆえに、使うたびのケアは必要になります。お湯を使い、なるべく早く乾かすことが大切です。わたしの場合は、食べ終わったらすぐ中に50℃くらいのお湯を入れて食べカスをふやかしておきます。木がお湯を吸いきったところで、洗剤で洗います。その後、熱湯で満たして5分待ち、油を浮かせます。熱いお湯は気化が早いので、お湯を捨てた後の乾燥時間が短縮します。サッと拭いたらふたを開けておき、完全に乾かして持ち帰っています。食べ終わり、すぐに洗剤をつけて洗うと、洗剤自体をわっぱが吸ってしまうので、まず最初にお湯を入れて十分に給水させることが大切です。

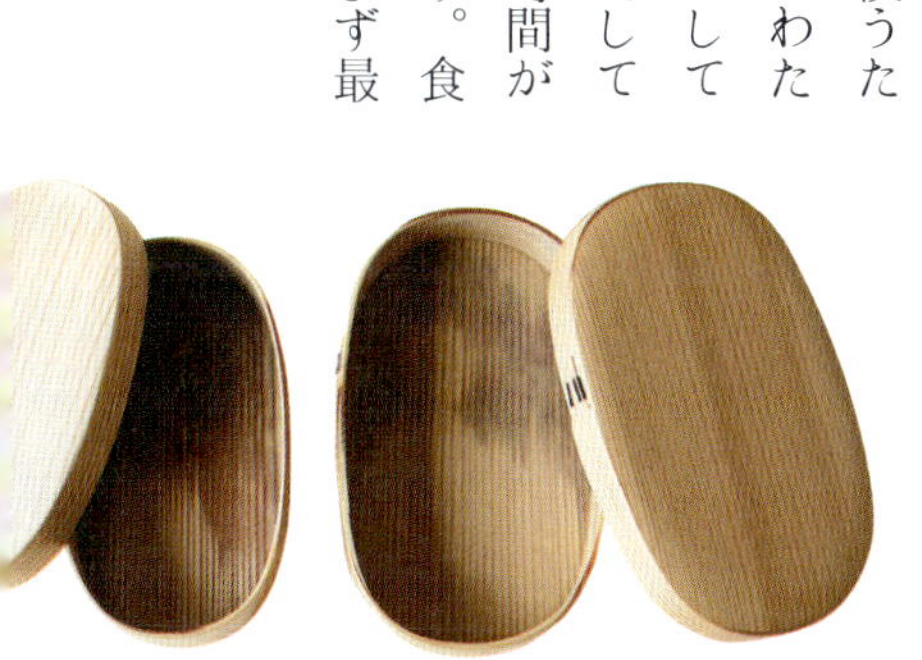

9月20日(木)

今日は**焼き鮭**、**カレー風味柔らか鶏唐揚げ**をメインに、**カボサラ**、**いんげんとメンマの黒コショウ炒め**、**ゆで卵**、**ジェノベーゼサラダパスタ**にしてみました。子ども達がまだごはん食べずにゴロゴロしてるので、家を出る直前までバタバタするパターン…。

俺のみ

memo
カレー味の唐揚げは
おふくろの味です

9月21日(金)

俺と妻

毎日よくばり弁当だったけど、今日はよくばらず弁当、かな？ **鶏テリ**に、涼しくなってきたので**半熟ゆで卵**、**ジェノベーゼパスタ**に**レンコンのきんぴら**、**紫キャベツのナムル**にしてみました。やばっ！もうこんな時間、行ってきま〜す！

9月22日(土)

俺

妻

4つ弁

むすめ

むすこ

今日は朝からやってはいけないシリーズ、**シュウマイ弁当**～。その他**ガーリックシュリンプ**、**コーン入り卵焼き**、**きんぴらごぼう**に**紫キャベツナムル**。子ども達のフルーツは**シャインマスカット**です。おいしいよね。2つに切って食べやすく。それでは、素敵な週末を。

俺のみ

9月23日(日)

今日はしいたけ炒飯にヒレカツ、さんまの梅干し煮にムラキャベナムル、レンコンきんぴらにしてみました！　今日ももう時間切れ〜。

memo
梅干し効果で
さんまの青臭さが
なくなり、さっぱり！

俺と妻

9月28日(金)

今日はアブラガレイのフライ、昨夜仕込んだチャーシュー、カボサラに枝豆入り卵焼き、ほうれん草のバター炒めにしてみました。

9月30日（日）

今日は**ヒレカツ**に**エビとゴロゴロチャーシューのうまうま炒飯**♬ チャーシューの煮こごりになったタレをかけすぎたので茶色になってまった〜。久しぶりに鉄のフライパンで作ったら、少し焦がしてしまう始末（笑）。炒飯は奥が深いからこそ愉しいんだよね〜。ではぼちぼち行ってきま〜す。

俺のみ

俺の

チャーシュー

買うと高い、作ると旨安！

簡単なのに、絶対失敗なし！やるしかないでしょ！

材料（作りやすい分量）

豚肩ロース肉（ブロック）…400g
塩…大さじ1
ねぎの青い部分…1〜2本
すりおろし生姜…1片
すりおろしニンニク（お好みで）…1片
【合わせ調味料】
水…100cc
酒…100cc
醤油…100cc
酢…30cc
砂糖…50g
はちみつ…30g

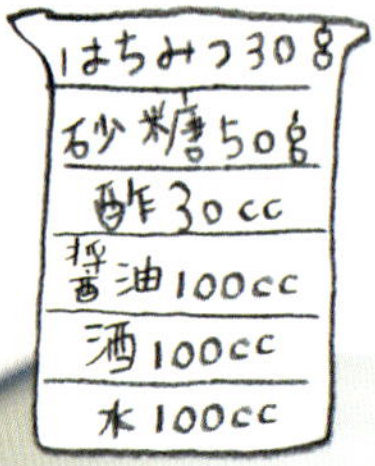

作り方

1 豚肩ロース肉に塩をよくすり込む。

肉は常温に戻しておく　コレ重要！

2 鍋を熱して豚表面に焼き色が付くまで**ジューっとしっかり焼く。**

3 合わせ調味料とねぎ、生姜（お好みでニンニク）を一気に投入。

4 クッキングペーパーの落としぶたをして、約1時間弱火でコトコト煮込むだけ～。煮汁を煮つめてかける。

俺のうまうまポイント❶

肉の焼き色はこのくらいまでしっかり

俺のうまうまポイント❷

落としぶたは今のところクッキングペーパー一択

俺のみ

10月4日(木)

今日はちょっと贅沢〜、**焼き鮭**と**牛タン**をメインに、**カボサラ**、**ベビーホタテとレタスのサラダ**、**とうもろこし卵焼き**にしてみました。先日妻が誕生日を迎えたので、遅ればせながらも昨日はお花を飾って、ごはんでおもてなし。あっ、さすがにケーキは焼いてないよ〜。

10月5日(金)

今日は妻のリクエストで久しぶり**オムライス**にしてみました。その他にはカボサラじゃなくて、**さつまいもとメイプルシロップでスウィートポテト**、**ホタテのマリネ**です。久しぶりのオムライス(中身はチキンライス)はどうかな〜。キレイに卵焼きをまとうのは難しいんだよね、曲がっちゃったよ…。また次の機会にがんばります!

俺と妻

4つ弁

10月6日（土）

あっ、もう時間、はいっ、今日は完全に盛り過ぎましたよ〜。**鶏唐タコ唐**ツートップ、**コーン入り卵焼き**に**スウィートポテト**、**ワカメナムル**です。子ども達に朝ごはん食べさせていってきま〜す。明日は保育園の運動会。お弁当なしだから気が楽〜。子ども達の成長が見られるのが楽しみです。

俺と妻

10月9日（火）

今日は友人が釣ってきてくれた**イナダを使ってフライ**に。それと冷凍庫を占拠している**エビもフライに**してみました（イナダは漬け丼や唐揚げにもしましたが絶品でした～）。運動会もみんながんばってくれて、涙腺崩壊、それもうちの子の演技じゃないところで…（笑）。

妻のみ

10月10日（水）

今日は昨日に引き続きエビ料理～♬ **エビホタチリ**～。**エビとベビーホタテのチリソース**ね。豆板醤を入れてないから、子ども達も食べられるかな～。それに**コーン入り卵焼き**と**パスタジェノベーゼ**、**ひじきナムル**です。朝からいいお天気、素敵な1日を。

俺と妻

memo
枝豆が
きれいに
切れると
気持ちいい

10月15日（月）

今日は豊洲市場から来たらしい**ブリを使っての塩焼き**、昨夜仕込んだ**チャーシュー**をメインにしてみました。他には**枝豆入り卵焼きとひじきとおまめのサラダ、カボサラにきんぴらごぼう**です。

俺のみ

10月16日（火）

今日は**鶏唐**と**ブリソテーにバジルソースをかけてみました**。ブリは臭みがある魚だから、まず、**身についている血を指で押して出せるまで出します。焼く前日に強めの塩をふっておいて、出てくる水分を丁寧に拭き、お酒をふって焼い**てるよ。

10月19日(金)

昨日は久しぶりに家族みんなお休みで、公園を散歩したり、お昼寝したり、料理をしたりとのんびりできました。さて、今日からまたがんばるよ～。今日は赤札の**鯛を使って焼き物**と、**チャーシュー**、エビがなかったので**厚揚げを使ってのアゲチリ**、**ほうれん草ナムル**に**きんぴらごぼう**、半熟過ぎる**ゆで卵**にしてみました。

俺と妻

memo
薄くカットした方がおすすめ

10月20日(土)

今日は朝からやってはいけないシリーズ、**シュウマイに塩唐揚げ～チャーハン弁当**。もちろん時間切れ、でもうまいから、作っちゃう～♬

俺のみ

10月21日(日)

今日も朝からやってはいけないシリーズ、昨日と同じ**シュウマイ弁当**～。昨日はシュウマイのあんに片栗粉を入れ忘れ、ひき肉がぼそぼそでした。悔しくてリベンジ！　今日はうまくいったかな？　**ベビーホタテ**ものせてみました。

俺と妻

4つ弁

10月27日(土)

今日は４つ弁～。**焼き鮭**と**鶏唐**のツートップに、**だし巻き卵**、**スウィートポテトふうサラダ**、**ジェノベーゼパスタ**を真ん中に。子ども達には**おにぎり**と**オレンジ**。

妻のみ

10月30日(火)

今日は妻の弁当だけなのでのんびり弁当づくり。**焼き鮭**に**豚の角煮**、**エビホタチリ**、**サツマサラ**。最近**カボサラにははちみつじゃなくて、メープルシロップ入れてる**よ♪　さぁ時間があるので、保育園に行く前にむすめとトランプです。時間に余裕があると優しくなれるね。

俺のみ

11月4日(日)

今日は計量しながらの**うまうま炒飯**のレシピ作り。それとエビフライ作るのは手間がかかるので、今日は**エビの唐揚げ**。その他には**極太ソーセージ**と**カボサラ**と**半熟ゆで卵**です。

11月5日(月)

今日は**秋鮭のフライ**と**鶏の唐揚げ**がメインです。最近は**真ん中パスタ**がマイブーム♬といっても2回目だけどね。あとは**だし巻き卵**と**ほうれん草のおひたし**、安定の**カボサラ**。それじゃ行ってきま～す。素敵な1週間を。

memo

この濃厚ソースにはまってます。最後にゴマをパラリ

俺と妻

11月10日(土)

俺

妻

4つ弁

むすめ

むすこ

やばっ、もう保育園の時間！ということで4つ弁当。今日は**はんぺんとエビでふんわりエビカツ**と、**塩麹でやわらかむね肉の照り焼き**がメインです〜。他には**ブロッコリーの茎入り卵焼き**と**ほうれん草ナムル**、いつもの**カボサラ**です。それじゃ行ってきま〜す。

俺の

エビカツ

サクッ、プリップリ、しあわせ〜

ともかくエビが好きなんです〜
エビの旨みたっぷり、
夜は揚げたてをビールと！

材料（大2個分）

エビ…150g
はんぺん…70g
玉ねぎ…50g
片栗粉…大さじ2
砂糖…小さじ1
小麦粉、卵液、パン粉…適量

作り方

1 エビは背わたを抜き、下ごしらえをしておく。

2 玉ねぎはみじん切りにし、塩小さじ⅓（分量外）を加えて、600wの電子レンジで5分加熱する。

3 はんぺんはすりつぶすか粗みじん切りにし、エビはカットして包丁で叩くようにする（エビの食感を残したいのですべてはミンチにしません）。

4 2、3をボウルに入れ、砂糖、片栗粉を加え、**はんぺんとエビをつぶすように**粘りが出るまで混ぜる。

5 二等分して小判形に成型する。

6 衣をつけて、170℃の油で約4分間色よく揚げる。

俺の うまうま ポイント

エビは殻をむき、背わたを取ったら、塩、片栗粉（分量外）、水を加えて優しく揉み込む

エビの汚れが取れるので、水がきれいになるまで軽く洗い流す

俺のみ

11月11日(日)

今日も原価率高過ぎ弁当（笑）。スーパーに珍しい**太刀魚があったので巻き巻きしてバターソテーに。**それとお弁当を占拠している**牛タン**がメインです♬ **ひじき煮は人参、レンコン、ちくわが入っていて**食感が楽しめます。あ～急がなきゃ。

俺のみ

11月12日(月)

今日は**ミートボールトマトスパゲティ**～。**ルパン3世の『カリオストロの城』に登場したミートボールパスタをイメージ**してるよ。昨日は5歳のむすめが補助輪外して自転車に乗ることができて感動！でも出社前に自転車の練習に付き合わされるはめに…。

俺と妻

11月13日(火)

昨日に引き続き**パスタ弁当**～。はい、お買い物行けてないから在庫処分弁当が続いています。**トマトのフェットチーネとペペロンチーノ**。仕事だからもちろんニンニク抜きね。早く終わったから子ども達に絡みながら起こしてきま～す。

11月17日(土)

俺

妻

4つ弁

むすめ

むすこ

今日は4つ弁。**焼き鮭**、**鶏唐**、**だし巻き卵**、**スパサラ**、**ブロッコリー**、**ポテトサラダ**と**ウインナー**と基本のラインナップです。子ども達には**鮭をほぐしたおにぎり**と**オレンジ**が付いてます。ここで時間切れ〜、保育園へ向かいます！

ESSAY 6

木

俺のルーツ

インスタグラムでのわたしのアカウント名は、「kito_kurashito_」。漢字にすると、「木と暮らしと」となります。なぜこの名前を選んだかというと、普段、密接に「木と暮らし」に関わる職に就《つ》いているからです。わたしは、家を造る工務店で営業をしています。この工務店は元は材木屋。本物の木のよさを活かした家づくりに特化し、木と人の豊かな関係が築けるようにと、さまざまな家の形、庭の形、隣人や自然との関わりの形についてご提案しています。

木には、時とともに育っていく美しさがあります。肌で感じる温かみがあります。木は呼吸をしていて、その中に快適な状態をつくり、使い込むごとに味わいを増していきます。木の家に愛着があるのも、わっぱの弁当箱にこだわるのも同じ理由です。最近も築19年目のお客様が「おうち見学会」を開いてくれたのですが、経年でよくなっていく木の家のよさを改めて実感しました。

父とわたしは、同じ会社で働いていました。父を取り巻く環境のおかげで、わたしは子どものころから木に触れる機会に恵まれていたと思います。父は仕事人間で休日も仕事、ゴルフといった典型的な昭和のお父さん。遊

んでもらったり、甘えたりという記憶は少ないのですが、中学生のころ、カヌーを手作りしてくれたことが強く印象に残っています。基礎から木材で組んだ本格的な4人乗りカヌー。これを車で川に運び、家族4人で乗ったものでした。キャンプへ行って、カヌーで遊んだこともありました。

そんな体験の積み重ねが、自然と遊ぶおもしろさや、木の魅力を教えてくれたのだと思います。焚火やバーベキューが好きなのは、きっと父親の影響です。

母からは改めて手取り足取り料理を教えてもらった記憶はありませんが、時折、晩ごはんづくりを手伝いながら学んでいったように思います。母に弁当を作ってもらった高校の3年間で、何度か友人から「ウナギが入ってる、すごい!」と驚かれたことを覚えています。当時は何も感じていませんでしたが、今振り返ると豪勢な弁当を作ってくれていたんだなと思います。美味しい弁当をおなかいっぱい食べてほしいという作り手のありようは、もしかしたら母から受け継いでいるのかもしれません。

今、わたしたちの暮らしている家は両親の敷地内にあり、しかも父がガレージを改造して作ってくれたもの。木にこだわる会社で働く父の仕事ですから、フローリングは天然木で温かみがあり、日当たりと風通しの良い、抜群の住み心地です。いずれ自分で家を建てる目標を持っていますが、それまでこの恵まれた環境に感謝しながら暮らしていきたい。そして両親の助けとなれる存在でありたいと考えています。

妻のみ

11月21日(水)

今日は妻の弁当だけ〜。まんまるコロッケとししゃも焼き、だし巻き卵にカボサラ、ひじきとおまめのサラダです。コロッケはあえて俵形でなくまんまるにまとめてみました。見た目かわいいでしょ。

memo

簡単コロッケ、
粉末のマッシュポテトと玉ねぎ、
ひき肉を混ぜて揚げています

俺と妻

11月22日(木)

今日は冷凍しておいたエビカツにタコ唐揚げがメインです♬ あとはコーン入り卵焼き、ほうれん草のナムル、ひじきとおまめのサラダ、カボサラ。時間が無いのでもう行きます! 素敵な一日を。

俺の
特売の時だけ
タコ唐揚げ

味付け不要なのダ、何をやってもタコはうまいなあ！

材料（2人分）
ゆでダコ…100g
片栗粉…適量

作り方
1 タコは食べやすい大きさにカットする。
2 1に片栗粉をまぶして（ビニール袋に入れると簡単）、170℃の油で約3分揚げる。衣がはがれやすいので、投入したらあまりさわらないこと。2分経ったらひっくり返す。

俺の うまうま ポイント

あちちっ！
タコは油がはねるので
フタを9割閉めよう

11月24日(土)

今日は4つ弁。**焼き鮭**に**サクサク唐揚げ**の鉄板メニューです。妻も子ども達も大好きメニュー。他には**枝豆入り卵焼き**といつもの**ほうれん草ナムル**、**ひじきとおまめのサラダ**、**ジェノベーゼパスタ**、**カボサラ**です。素敵な週末を！

memo
乾燥パセリを散らすと彩りがいい！

11月27日(火)

今日は妻も大好き**ひじきの煮物の残りを使ってのオムライス〜♬ ひじきの煮物にケチャップの甘みが合うん**だよね〜。それと**ブリの唐揚げ**がメインです。**ジェノベーゼパスタ**と**ほうれん草ナムル**、**ブロッコリー**で緑をプラスしてみました。

俺と妻

11月30日（金）

今日はお隣栃木県のソウルフード、**モウカサメのフライ**と**手羽元の黒酢ソテー**がメインです。他には**いんげんとハムのソテー**。**半熟ゆで卵**。最近ゆで卵が苦手なんです、だれか教えてください〜。

memo
最後に黒酢と醤油、
みりんでからめて。
お弁当にぴったりの味

俺の妻のリクエストNo.1

うまうまオムライス

中身は…

うちのオムライスの中身は
残り物のひじきの煮物を入れた
ケチャップライス！

うまうまひじきライス

材料と作り方

1 フライパンにバターを入れて、温かいごはんとひじきの煮物（↓55ページ）を適量炒める。

2 少量のケチャップを入れて完成～。

\ほぼ失敗なし!/

お弁当オムライスの作り方だよ～!

START

1

卵2個で薄焼き卵を作ります～。

2

ラップを敷き、薄焼き卵を広げます。

3

ひじきごはんを薄焼き卵にこんもりのせます。

4

両端のラップを持って包むように。

5

片手にラップの包み口を持って、片手にお弁当箱を。

6

パカっとかぶせます。

7

そーっとラップを引き抜きます。

GOAL

箸で形を整えて出来上がり!

調味料たち

左より：臨醐山黒酢（内堀醸造）、紫峰しょうゆ（柴沼醤油醸造）、三州三河みりん純もち米仕込み（角谷文治郎商店）、九鬼太白純正胡麻油（九鬼産業）

調味料で料理の味は変わると感じます。最もてきめんだったのが、「三河みりん」。和のセレクトショップ「久世福商店」の方におすすめを聞いて購入してみました。やはりプロの方のアドバイスは的確で、その甘みの上品でまろやかなことに感動。照りがよく出るので、照り焼きには欠かせません。

醤油は、地元産の「紫峰」を使っています。このあたりでは有名な醤油で、お歳暮などで回る高級品。旨味が深くて、ワインのような色合いが美しい。やっぱこれだっぺ、と言いたくなります。

「九鬼」の「太白純正胡麻油」は、ゴマ油にもかかわらず、ゴマの香りがほとんどしません。クセがなくてさっぱりとしており、ベビーマッサージにも使われるようなオイルです。うちではパスタやナムルに使っています。中華など香りがほしい料理には、一般的なゴマ油を使います。

そのほか、砂糖はキビ砂糖、塩は岩塩を削って。両者、ミネラルが豊富で旨味がある点で選んでいます。あんかけで使うのは、黒酢。火を入れると酸味のかどが取れて、奥行きのある甘さになります。酢の物には普通の穀物酢です。

いずれは、子どもと一緒に味噌を作ってみたい。昔、母の実家で味噌作りを手伝ったのが楽しい思い出です。市販の加工品を買うのが当たり前とは限らない。そんな体験を家族と共有したいと思っています。

CHAPTER 5

俺の弁当 ふゆ

2018.12 - 2019.2

真冬の
スーパームーン！

12月1日(土)

3つ弁

今日は30分寝坊した～。ということで、子ども達の弁当は伝家の宝刀、冷凍食品の手助けを受け、なんとか完成。自分の弁当は**あさりとしめじのボンゴレパスタ**です～。ミニトマトとブロッコリーで目にも鮮やかに～。

俺と妻

12月3日（月）

今日は鮭に厚切りハムカツ～♬ それに皆さんから教えてもらったリベンジゆで卵。ゆでる途中に卵が漏れるのは、卵のおしりのひび割れがポイントでした。ゆで方は沸騰から入れて8分です。

memo

見栄えも味も良くなる
白ゴマを最後にパラリ

12月7日（金）

今日は焼き鮭とハンバーグがメインです。他にはハムといんげんのソテー、紫キャベツ浅漬け、スパゲティナポリタンです。来週は保育園のクリスマス会。子ども達のダンスや歌などを披露する一大イベント。子ども達に負けないよう自分も仕事頑張らなきゃ。

俺と妻

俺と妻

12月14日（金）

今日は**サーモンステーキ**に**豚の角煮**がメインです。いつもごはんとおかずの間仕切りに使うフリルレタスが、普段は158円なんだけど、98円！家計に助かる〜。それじゃ子ども達にごはん食べさせて行ってきま〜す。

memo
ナポリタンも一口大にくるくると巻いて入れると食べやすい

4つ弁

12月17日（月）

週初め、いきなり4つ弁〜。みんなからリクエストの**唐揚げ**です。いつもの**焼き鮭**と**シラス入り卵焼き**、**ちくわの磯辺揚げ**。昨日子ども達は、ばあちゃんからひと足早くクリスマスプレゼントをもらったのでいつもより早起き。でもリビングは朝からおもちゃでぐちゃぐちゃだけど見ないことに…して（笑）。

12月18日（火）

今日はなんとなくおかずがまるまるお弁当～。**ハム卵チャーハン**に**鶏唐**、**カボサラ**、**スパゲティ**。実はゆで卵も入れる予定だったんだけど、あまりにも半熟過ぎたので、ちょっとだけレンチン♬ここまではよかったんだけど、半分に卵を切ろうと包丁をいれた瞬間、大爆発。顔から髪の毛、周辺卵だらけ。だれか時限爆弾いれたな（笑）。

俺のみ

3つ弁

12月22日（土）

今日は仕事だけど、妻と子ども達の弁当のみ。**コロッケ**に**唐揚げ**の揚げ物祭り～♬ 今日の**卵焼き**は**シラス入り**です。あとは**いんげんハムソテー**と**カボサラ**。急いで用意して行ってきま～す。クリスマスイブはウルトラマンに会いに行ってきます！

12月28日（金）

今日は**カマスと太刀魚の塩焼き**、**角煮**がメイン〜。他には**シラス入り卵焼き、ほうれん草とハムのソテー、イカと里芋煮、カボサラ**です。今朝も寒いけど明日で仕事納め、がんばりましょ〜！

12月30日（日）

今年の締めくくりは妻の弁当。基本のおかずで。**塩麹やわらか唐揚げ**、**焼き鮭、さやいんげん入り卵焼き、いんげんのゴマ和え、ほうれん草とハムのソテー、きんぴらごぼう**にしてみました。2018年、お疲れさまでした。お世話になり、ありがとうございました。

俺のベスト副菜

いんげんゴマ和え

めんつゆ1：炒りゴマ1：すりゴマ1：砂糖1の割合が俺のベストゴマダレ。「炒り」と「すり」、ゴマを2種類入れるのがポイントだよ〜。

きんぴらごぼう

ごぼうを切るときは、斜め薄切りにしてから細く切ると、切り口が斜めになって盛り付けた時にきれいです。醤油、みりん、酒で味付けして、はちみつで照りを出しています。

ほうれん草ハムソテー

ほうれん草は根元に切り目を入れて土を洗い流す。ニンニクのみじん切りを炒めて香りを出し、最後にバター醤油で味を締める！　ニンニクはお弁当なのでお好みで〜。

あけまして　おめでとうございます

1月5日(土)

俺

妻

4つ弁

むすめ

むすこ

今日は**トマトソース**を使った**イタリアンハンバーグ**をメインに、**ちくわの磯辺揚げ**、**シラス入り卵焼き**にしてみました〜。長いお休みも終わり、今日から仕事♬ 早く体を慣らさなきゃね。それじゃ、今日は少し早めに行ってきます!

俺のみんな大好きちくわ〜

ちくわの磯辺揚げ

海苔弁のメインは？はい、ちくわ磯辺揚げですね〜

材料（作りやすい分量）

ちくわ…2本
小麦粉…大さじ2
水…大さじ1.5
青海苔…適量

作り方

1 ちくわは好きな形にカット。
2 ボウルに小麦粉と水を入れてよく混ぜ、青海苔を追加してよく混ぜる。
3 ちくわを入れて衣をしっかりまとわせる。
4 180℃に熱した油で1〜1分半揚げる。

俺のみ

1月6日(日)

しゃけでかっ！ 正月にいただいた**キングサーモン**がでかすぎた…。それと久しぶりに**レンコン巻き巻き**をメインに。その他は**シラス卵焼き**に**ひじきのサラダ**、**ほうれん草とベーコンのソテー**、**ひじきの煮物**にしてみました。お休みの方は楽しい日曜日を！

1月7日(月)

今日は**塩麹一夜漬け柔らかトンテキ**と**タコ唐揚げ**がメインです〜。他には**半熟卵**と**パスタサラダ**と**ほうれん草ベーコンソテー**。さぁ急がなきゃ。子ども達を起こして出発の準備です。

半熟卵がうまくいった〜
熱湯に卵を入れ8分。
すぐに水道水で冷やします

memo
塩麹のおかげで
冷めてもやわらか
ジューシー

俺と妻

1月12日(土)

3つ弁

毎度毎度の**キングサーモン**。見えないけどパスタの下まで延びています。1m近くあったサーモンだったのでとにかくでかい！ 妻の地元ではお正月に焼き鮭をお餅に挟んで食べます（焼き餅をちぎりながら少しのばし、焼き鮭の切り身を崩しながら餅に挟みます）。はじめはおっかなびっくりでしたが、やってみると癖になります。よかったら試してみてね～。

妻のみ

1月17日(木)

今日は妻の弁当だけ～。**太刀魚の塩焼き**と**デミグラスイタリアンハンバーグ**という得体の知れないもの(笑)。トマトソースは必要なかったかな…。**枝豆入り卵焼きにほうれん草とベーコンのソテー、しいたけのバター醤油炒め**にしてみました。

memo
しいたけをバターで炒めて醤油をジュッ、うまい!

妻のみ

1月18日（金）

今日は妻の弁当だけ～。**焼き鮭**と**ベーコンとなすのトマト煮**がメインです。あとは**枝豆入り卵焼き**と**いんげんのゴマ和え**、**牛肉のしぐれ煮**が入っています。さぁ急がなきゃ。準備して行ってきます！

俺と妻

1月22日（火）

昨夜のスーパームーンの月明かりの強さ見ましたか～？　幻想的で綺麗だったよね～。ということで今日は残り物deスーパームーン弁当～♬　満月は**照り焼きハンバーグ**で、月明かりの強さは**パプリカパウダー**で表現してみました。それと**オムライスの中身はごはんとひじきの煮物と少量のケチャップ**で作っています。それに**ソース焼きそば**をセット！

ESSAY 7

ちょっと気恥ずかしいけど、妻のこと

妻とは、2011年に結婚しました。結婚した直後に東日本大震災に遭い、当時暮らしていたアパートの中は足の踏み場もないほどモノが散乱。余震が怖く、夜は車の中で寝ていました。携帯電話からは緊急地震速報の音がひっきりなしに鳴り響き、気が安まらなかった。大変なことだったけれど、新米夫婦なりに協力しあい、妻との絆は深まり、暮らしのことを考え直すきっかけにもなりました。

妻の前では、わたしはいつも自然体でいられました。今に至るまで大きな方向性でずれもなく、育児方針なんてふたりで話し合う時間も持てていませんが、まだ子ども達が小さいこともあり、常に全力でぶつかりあっています。

妻は、「食べて、寝て、ただ生きている」だけだったわたしを更生させてくれた人です。こんなわたしに家庭をもたせてくれて、とびっきりかわいい2人の子どもを産んでくれた。わたしはここにきてようやく、「もう少し丁寧に生きよう、暮らしを愉しもう」という気力を持つことができた気がします。

ともに暮らしていればケンカをすることはありますが、原因が思い出せないような些細なことばかり（だと思っている

のが自分だけだったらどうしよう）。私たちは今、両親の敷地内に住んでいますが、以前、両親と意見の食い違いがあって頭に血が上り、家を引っ越そうかと考えたことがありました。その時の妻はかっこよかった。「将来、あなたの両親を誰が支えるの！　一時の感情で物事を決めるな。考えが甘い！」と一喝。おかげで我に返り、今の平和な暮らしがあります。

弁当作りにおいても、私の成長は妻のダメ出しとともにありました。新しいことにチャレンジした日は、帰宅後にどんな反応があるのかとドキドキ。好評ならばガッツポーズですし、不評であっても「次回こそは！」とモチベーションが上がります。反応があるというのはやりがいの源《みなもと》で、そのやりとり自体も弁当作りの楽しみのひとつ。今の弁当があるのは妻のおかげです。

讃《たた》えてばかりもあれなので、「え〜」と思うことも少々。クローゼットからはタグがついたままの洋服がゴロゴロ出てきますね……。買ったのに、着ないのか〜とは思います。あとは、器や調理器具に関してとても無頓着。でもこれは、わたしがモノ選びに対してこだわりが強めなので、ちょうどいいのだろうなと思います。もしふたり共こだわりが強くて、しかも違う方向性だったら大変なことになっていたでしょう。

がんばりすぎて体を壊しはしないかと心配ですが、共通の目標を持ち、働き方も暮らしに合わせて変えながら無理のない方法を模索したいと考えています。

最後に、朝の忙しい時間帯に10分以上をかけて弁当を撮影、インスタへ投稿しているわたしに、一度も「いいかげんにしてちょうだい」と言わない妻に心からの感謝を。言いたそうにはしているけど、口に出さずに飲み込み続けてくれている妻よ、本当にありがとう。

1月26日(土)

今日は4つ弁デー～。寝る前はエビカツ作る気満々だったんだけど、布団から抜け出せず**鶏の照り焼き**と**焼き鮭**がメインになりました～。他には**シラス入り卵焼き**と**インゲンとベーコンソテー**、**スパゲティサラダ**です。今日は関東でも雪が降る予報もあるけど、帰りが少し遅くなるので心配…。

俺と妻

俺と妻

memo
細切りにしたじゃがいもをカレー粉で炒めてます！

1月28日(月)

今朝は色々作っていて、気づいたら6時50分！予定では6時30分なんだけど時間配分のミス～。そこから急いで盛り付けしたらごちゃごちゃに(笑)。ピーマン肉詰めもいい感じに焦げてるし～。ということで今日は、**カマスの塩焼**に**ピーマンの肉詰め**、**じゃがいも細切りのカレー粉炒め**、**ひじきの煮物**、**枝豆入りだし巻き卵**、**ジェノベーゼ**といった感じです。

俺の ピーマン肉詰め

ピーマン嫌いも食べちゃう！

ハンバーグのタネを多めに作って応用！

材料（4個分）と**作り方**

1 ピーマン2個を縦二つに切り、ヘタを取り、小麦粉をまぶす。ビニール袋にいれるとやりやすい。

2 ハンバーグと同じタネ（↓66ページ、レンコンは抜く）を1のピーマンに詰める。

3 油をひいたフライパンで**肉の方から焼き**、焼き色がついたら裏返して水を少し入れて蒸し煮に。

4 いったん取り出し、醤油・みりん・酒同量を煮詰めてタレを作り、かける。

ピーマンのタネやワタには
たくさん栄養があるから
肉ダネに入れちゃおう！

俺の うまうまポイント

焼いた時に
ピーマンと肉が
離れがち。
それを防ぐには
ピーマンの中まで
しっかり粉を
ふること！

1月29日(火)

俺と妻

memo
肉団子は
揚げると途端に
お店の味に

今日のメインは**ノドグロの焼き物**と**黒酢肉団子**。**じゃがいも細切りカレー炒めにチーズをプラス**。ひじき煮は自分の弁当には入れ忘れ。**ゆで卵**も一分多くゆでちゃったので、ちょい固めになりました。

1月31日(木)

お弁当の大きさ、けっこう違うんです!

なんでうちはこんなに朝があわただしいのでしょうか…。朝の忙しい中、のんびりインスタグラム投稿しているのが原因〜。さぁ、今日は**焼き鮭**と**唐揚げ**がメインに、**白菜の旨煮**、**ひじき煮**、**卵焼き**、**カボサラ**、**スパゲティジェノベーゼ**にしてみました。

俺の うまうま黒酢肉団子

〜黒酢でサッパリ、罪悪感ゼロ〜

黒酢のやさしい甘酸っぱさと煮詰めた奥深い甘み…。冷えてもおいしいおかずです。

材料（2人分）
豚ひき肉…200g
玉ねぎ…80g
★片栗粉…大さじ3
★すりおろし生姜…1片分
★水…大さじ2
★酒…大さじ1
★塩…小さじ¼
白髪ねぎ（お好みで）
【黒酢あん】
黒酢…大さじ3
酒…大さじ2
醤油…大さじ2
砂糖…大さじ2
水…100cc
水溶き片栗粉…大さじ1

作り方

1 常温に戻したひき肉にみじん切りにした玉ねぎと★を加えて、粘りが出るまでよく混ぜる。

2 手にサラダ油（分量外）を取り、1を食べやすい大きさに丸める。

3 2を170〜180℃の油で揚げる。

4 黒酢あんの材料をフライパンの中に入れて火を通し、とろみがついてきたら、3を入れてからめる。お好みで白髪ねぎや白ゴマを散らす。

てりてり
とろ〜ん

俺のうまうまポイント❶

ひき肉を丸める時には
両手にサラダ油をつけて成型。
肉が手に付きにくくなるよ

俺のうまうまポイント❷

油の温度が下がるので、
お鍋いっぱいに入れないでね〜

memo

白菜、にんじんを
おだしで煮含めました

2月1日（金）

今日はほうれん草とシラスチャーハン弁当。シュウマイに半熟ゆで卵、白菜の旨煮です〜。ほうれん草を細かく刻んで、炒り卵も混ぜています。彩りがきれいでしょ〜。

2月3日（日）

今日は炭水化物よくばり弁当〜。**ひじき煮を入れたケチャップライス**に崩した**目玉焼き**。それに**タラコのスパゲティー**の二大炭水化物にしてみました。あっ！　今日は節分でした。早く帰って豆まき豆まき〜。

俺のみ

memo
半熟の黄身と
甘めに煮た
ひじきが合う〜

2月12日（火）

ふう〜。間に合った。今日は**焼き鮭**と**アジフライ**をメインに、**ちくわの磯辺揚げ**、**シラス入り卵焼き**、**カボサラ**に**ブロッコリーナムル**、**ジェノベーゼパスタ**と昨夜の**肉じゃが**にしてみました。今日は道路が凍結していそうだから、通勤通学気をつけてね〜。

2月14日(木)

今日は**レンコンとうずらの卵巻き巻き**〜。**ピーマン炒め**と**カボサラ**、**ジェノベーゼパスタ**。写真を撮り終え、妻を見るとなぜかニコニコ。お休みのようでした。あっ！ 今日はバレンタインデーだった〜。脇でむすめがラッピングの袋を選んでいます。

2月16日（土）
（俺の誕生日）

俺

3つ弁

むすめ

むすこ

今日は3つ弁～。醤油ベースの唐揚げとフライドかぶ（笑）。あおさの卵焼きにプチトマトと芽キャベツをベーコンで巻いてグリルにしたもの、カボサラにしてみました。今日は詰め込みすぎました（笑）。本日は俺の誕生日、でも変わらず弁当作り。今夜は帰りが遅くなりそうなので、家族は明日お祝いしてくれるそうです。楽しみにしてるよ～。

俺のみ

2月18日(月)

今日は基本の焼き鮭とハンバーグトマトソース。半熟ゆで卵、きんぴらごぼうにカボサラ、ジェノベーゼパスタです。それでは素敵な1日をお送りください。

2月21日(木)

今日は肉弁当〜。豚の角煮に豆腐入りヘルシーハンバーグ、きんぴらごぼうに紫キャベツナムル、カボサラにほうれん草とハムのバターソテーにしてみました〜。それじゃ子ども達を起こしにいってきます。いつもなかなか起きずパパ嫌いなんて言われるけど…子ども達を起こすいい方法があれば教えてください〜。

俺と妻

2月22日(金)

俺

妻

4つ弁

むすめ

むすこ

今日は春キャベツたっぷりメンチカツをメインに、いんげん入り卵焼き、紫キャベツナムルにきんぴらごぼう、子ども達はタコさんウインナーにメンチカツ、イチゴとプリンは別盛りです～。

2月23日(土)

俺

妻

4つ弁

むすめ

むすこ

今日も4つ弁〜。朝起きてキッチンに行くと少ししか油がない〜。ということで、**サラダ油大さじ2で鶏の揚げ焼き**〜。**酒、醤油、ニンニクと生姜、カレー粉で味付け**です。**しっかり揉めば、下味つけなくてもちゃんと味は浸透**します。時間みると今日もやっぱっ〜。急がなきゃ。素敵な週末を。

ジュワーっと肉汁、野菜もたっぷり

俺の キャベツたっぷりメンチカツ

春には
春キャベツたっぷりの
メンチカツを
作りたくなります〜

材料（3個分）

粗びきの合挽肉…200g
玉ねぎ…40g
キャベツ…80〜160g
塩…小さじ½
【つなぎ】
―パン粉…大さじ2
―牛乳…大さじ1

よりヘルシーを
求める方は、
キャベツ160gまで
挑戦してみて！
うまく成型できるかな〜

作り方

1 ひき肉は常温に戻しておく。

2 玉ねぎはみじん切り、キャベツは粗みじん切りにし、塩もみして5分置く。キャベツはあまり細く切らないで存在感を残そう。

3 キャベツと玉ねぎから出てきた水分を絞り、ひき肉、つなぎを混ぜてしっかりこねる。

4 **3**を3等分して、分量外の小麦粉、卵液、パン粉をつける。**卵液につける時は特に崩れやすいので、フライ返しを使うと扱いやすい。**

5 170℃の油で約4分、きつね色になるまで揚げる。

俺のうまうまポイント

揚げた後、
アルミホイルをかぶせて
余熱で中まで火を通す

終わりに

料理も家事も、楽しくて、かっこいい

共働き世帯の増えたこのご時世、夫が家事をするのは当たり前になりつつあると思います。ひと世代上の父は家事をする姿を見せませんでしたが、前述した同僚（27ページ参照）が〝家事をする父親〟だった影響が大きく、わたしも家事を担うことが当然だと自然に思えるようになっていました。

料理に関しても同じこと。子ども達にとって、母親だけがキッチンに立つのではなく、家族のみんなで料理をするのが〝日常〟の暮らしになってほしい。男女にかかわらず、料理をすることはカッコいいことと知ってほしい。刃物も熱いものもあるキッチンは危ないところでもあるけれど、それ以上に楽しいところだと、子どもたちには伝えたいと思っています。

魚をさばく時には、子ども達から手元が見えるように踏み台を用意します。子ども達は、一生懸命見ています。自分たちの食べるものがどんな姿で、どうやって切り身になり、どんな味付けをされて口に入るのか。まずは見るという経験を通じて、料理に興味を持ってほしい。子ども達もだんだん大きくなってきたので、時には子ども用の包丁とまな板で切り方を教えています。

わたしは、子どもたちに「料理で友だちをもてなすような人」になってほしいと思っています。自分の高校時代に、泊まりに来た友人にチャーハンを作ってふるまったのを思い出します。つたないチャーハンでしたが、うまいうまいと食べてくれた友人の顔が浮かびます。

料理をし始めの頃は、きっとうまくいかないことも多いでしょう。わたしの初期の弁当だって、なかなかおもしろいことになっていました。それでも当時は真剣に作っていたのです。インスタに上げたその頃の投稿を削除しないのは、当時も弁当作りを楽しんでいたから。レシピを見てもそのまま作るのがあまり好きではなく、自分なりのひとひねりを加えてきました。目指す味に向かって、試行錯誤の連続。その途中経過で得るものが、たくさんありました。

子ども達が巣立っていく時には、わたしの愛用している調理道具を持たせてやりたいと思っています。自分が都内で一人暮らしをしていた頃、父親にもらったペティナイフが特別な存在でした。生きるための道具が、親の思いとともに精神的な支えにもなってくれていました。今でも、そのナイフは大切に使っています。そんな経験を通して、わたしは調理道具をバトンのように継いでいきたいと考えています。思いを継いで、自分と家族のこと、食から生きる力を学び、その力を使って人をしあわせにすることができる人になってくれたらいいなあと願っています。

柴雄二（しば・ゆうじ）

1981年生まれ。
生まれも育ちも茨城県。
妻と保育園に通う子ども2人の4人暮らし。
木と暮らしをデザインする工務店に勤める。
趣味は釣りとBBQと、時々焚火。
2017年8月よりyuji名でインスタグラム
に投稿を開始。
パパが作る豪華なお弁当がすごすぎると大人気に。
現在フォロワー11万人（2019年4月現在）。
@kito_kurashito_

執筆協力
矢島史

ブックデザイン
イラスト・描き文字
片桐直美（notes）

撮影
林ひろし
（カバー、帯、p1〜28、70、104、114、142、156、175、レシピページ全て）
著者
（お弁当ページ、p60〜61、90〜91、134〜135）

俺《おれ》の弁当《べんとう》。

2019年6月5日　第1刷発行
2019年7月1日　第2刷発行

著者　柴雄二《しばゆうじ》
発行者　佐藤靖
発行所　大和《だいわ》書房
東京都文京区関口1-33-4
電話03-3203-4511
印刷　廣済堂
製本　ナショナル製本

ISBN978-4-479-92130-1

http://www.daiwashobo.co.jp